대한민국 저출산 문제의 해결을 통한 인간 회복

# 노인이 행복하지 못한 나라에 미래는 없다

# 노인이 행복하지 못한 나라에 미래는 없다

대한민국 저출산 문제의 해결을 통한 인간 회복

**초판 1쇄 발행** 2025년 7월 28일

**지은이** 최무진
**펴낸이** 장길수
**펴낸곳** 지식과감성#
**출판등록** 제2012-000081호

**교정** 김지원
**디자인** 오정은
**편집** 오정은, 이현, 김희영
**검수** 이주연, 이현
**마케팅** 김윤길

**주소** 서울시 금천구 벚꽃로298 대륭포스트타워6차 1212호
**전화** 070-4651-3730~4
**팩스** 070-4325-7006
**이메일** ksbookup@naver.com
**홈페이지** www.knsbookup.com

ISBN 979-11-392-2705-5(03330)
값 17,000원

• 이 책의 판권은 지은이에게 있습니다.
• 이 책 내용의 전부 또는 일부를 재사용하려면 반드시 지은이의 서면 동의를 받아야 합니다.
• 잘못된 책은 구입하신 곳에서 바꾸어 드립니다.

지식과감성#
홈페이지 바로가기

대한민국 저출산 문제의 해결을 통한 인간 회복

# 노인이 행복하지 못한 나라에 미래는 없다

최무진

지식과감정#

# CONTENTS

| 머리말 | 6 |

| 1장 | 노인이 행복하지 못한 나라에 미래는 없다 | 21 |
| 2장 | 아이가 행복하지 않은 나라에 미래란 없다 | 49 |
| 3장 | 행복하지 않은 나라의 존재 이유 | 81 |
| 4장 | 더 이상 선진국을 따라 하지 마라 | 96 |
| 5장 | 왜 아이를 가지지 않는가 | 117 |
| 6장 | 왜 아이를 가져야 하는가 | 136 |
| 7장 | 임신과 출산의 위대함 | 165 |

| 맺는말 | 182 |

머리말

## 무엇이 문제인가?

몇몇 역사적 문헌에 의하면 기원전 2333년 한반도와 만주 일대에는 고조선이라는 나라가 세워졌다가 기원전 108년 위만조선이라는 이름으로 멸망하였으며, 그 당시 인구는 30만 명 정도로 추산된다고 한다.

위만조선의 멸망 이후 수백 년에 걸쳐 이루어진 이주와 개척의 역사 속에서 세워진 고구려, 백제, 신라 삼국의 인구는 모두 합해서 400만 명 정도로 추산된다고 한다.

676년 당나라의 세력을 몰아내고 마침내 삼국을 통일한 통일신라시대의 인구는 600만 명, 고려 초기엔 700만 명, 조선 초기에는 900만 명, 임진왜란이 끝난 1600년대에는 1,100만 명, 조선 말인 1910년에는 1,750만 명이 우리나라에 살고 있었다고 한다.

그 후 통계청 자료에 따르면 우리나라 인구는 해방 직전인 1944년엔 2,512만 명이었고, 2000년에는 남한만 4,613만 명을 기록했으며, 2019년에는 5,182만 명으로 역사상 최고점을 찍었고, 2024년 말 현재는 5,175만 명이다.

이 작은 나라에 이토록 많은 인구가 살고 있는데 무엇이 문제인가? 기나긴 역사의 흐름 속에서 보면 현재 우리나라가 당면하고 있는 저출산 현상은 어쩌면 큰 문제가 아닐지도 모른다. 불과 400만 명밖에 되지 않았던 삼국시대에도 찬란한 문화를 꽃피우며 화려한 역사를 만들어가지 않았는가? 사실 우리나라 국토의 크기를 고려하면 인구가 지금보다 훨씬 줄어드는 것이 바람직하지 않을까 하는 생각도 든다. 다만 지난 4천 년간 줄곧 늘어나기만 한 인구가 전쟁이나 자연재해가 없는 상황에서 처음으로 줄기 시작했다는 사실은 역사의 흐름 속에서 주목할 만한 현상이 될지도 모른다.

통계청 자료에 의하면 우리나라의 출산율은 1984년 1.74명로 처음으로 2명 아래로 떨어진 후 지속적으로 하락하여 심각한 사회적 문제가 되어왔지만, 우리나라 전체 인구의 감소는 고령화의 영향으로 최근에야 비로소 나타나기 시작했다. 하지만 현재와 같은 저출산이 계속된다면 앞으로 급격한 인구 감소는 불가피하다. 1984년 한 해에 674,793명의 아이가 태어났지만, 2023년에는 230,028명이 태어났다. 새로 태어나는 아이의 수가 줄어드는 속도를 계산하면서 몇몇 전문가들은 우리나라가 지구상에서 가장 먼저 자연 소멸하는 국가가 될 것이라고도 예언한다. 사실 저출산으로 인한 인구구조의 변화는 교육과 경제를 비롯하여 사회의 모든 분야에 이미 지대한 영향을 미치고 있으며, 그 영향은 더욱 커지고 있다. 그러므로 저출산으로 인한 인구구조의 변화는 심각한 문제라고 할 수 있다.

나는 어느 날 길을 가다가 문득 우리 사회가 당면한 여러 가지 문제들과 그 문제들을 해결하기 위한 해법들이 어떤 것이 있을까 하는 생각을 하게 되었다. 그리고 그 문제들 중에 하나쯤 내가 깊이 생각한다면 해결책을 찾아낼 수도 있지 않을까 하는 생각이 들었다. 물론 우리 사회에는 각 분야에 수많은 전문가들이 있어서 그들이 문제들을 해결하고 있다. 나처럼 평범한 사람들은 우리 사회의 큰 문제들을 전문가에게 맡기고 나와 내 가정의 사소한 문제들에 신경 쓰며 하루하루를 열심히 살아가면 된다. 평범한 사람들이 사회의 큰 문제에 신경 쓰지 않아도 되는 사회가 좋은 사회이다. 평범한 사람들이 큰 문제에 관심을 가지고 신경을 쓰게 된다는 것은 우리 사회의 전문가들이 문제를 제대로 해결하지 못하고 있다는 반증이기 때문이다.

나는 올해만 해도 우리 집 베란다에 설치된 10여 년 정도 된 벽걸이 세탁기에서 물이 새는 것을 스스로 해결하였다. 세탁기를 분해하고 경화된 고무링을 교체하니 더 이상 물이 새지 않았다. 나는 나와 내 가정의 문제들을 해결하며 살아가고 있는데, 왜 우리 사회의 큰 문제들에는 수많은 전문가들이 있고 수천억 또는 수십조의 돈이 쓰였음에도 불구하고 수십 년째 해결되지 않는 것들이 여전히 존재하는가? 인간 사회의 문제들은 대부분 인간이 스스로 만든 것들이다. 인간이 만든 문제들은 인간이 해결할 수 있어야 한다. 각 분야의 전문가들은 일반인들이 수준을 뛰어넘는 전문적인 식견으로 각종 사회적 문제들을 해결하고 있다. 그럼에도 불구하고 수년째 해결되지 않아서 마침내 나처럼 평범한 사람들조차 관심을 가지게 되는 문제가 있다면, 이는 전문가들의 접근이 잘못되었음을 의미한다. 전문가들의 과도한 전문성이 오히려 문제의 본질을 보지 못하게 하는 요인이 되고 있는지도 모른다.

그렇다면 우리 사회는 현재 어떤 문제들을 가지고 있는가? 그리고 내가 나의 작은 문제들을 해결한 방식으로 찬찬히 생각해 본다면 우리 사회의 큰 문제들에 대한 해결책도 찾아낼 수 있지 않을까? 그렇다면 지금부터 우리 사회가 직면하고 있는 보다 큰 문제들을 한번 생각해 보자.

내 머릿속에 가장 먼저 떠오른 문제는 기후변화였다. 우리나라뿐만 아니라 지구상의 모든 인류가 당면하고 있는 가장 큰 문제는 기후변화이다. 기후변화는 해가 갈수록 우리의 일상생활에 직접적으로 영향을 미치고 있다. 이미 많은 평범한 사람들이 기후변화를 걱정하고 그 해결책을 고민하고 있다. 전문가들이 이 문제를 제대로 해결하지 못하고 있음에 틀림없다. 나는 잠시 기후변화를 해결할 수 있는 획기적인 방안이 무엇이 있을까 생각해 보았다. 전 세계의 과학자들과 환경운동가들을 비롯한 전문가들이 놓쳐버린 방안이 어떤 것이 있을까? 그러다 기후변화에 대한 해결은 방법의 문제가 아니라 행동의 문제라는 생각이 들었다. 기후변화를 막을 수 있는 방법들을 인류는 이미 알고 있지만, 그 방법들을 충분히 실행하지 않고 있을 뿐이다.

그래서 나는 두 번째 문제를 생각하기 시작했다. 두 번째로 내 머릿속에 떠오른 화두는 우리나라의 심각한 저출산 문제였다. 저출산은 출산율이 한 나라의 인구 유지에 필요한 최소 합계출산율인 2.1명보다 낮은 현상을 말한다. 저출산 현상은 프랑스나 일본을 비롯해서 선진국이라고 불리는 나라들에서 먼저 나타나고 있지만, 아직 인류 전체의 문제라고 할 수는 없다. 개발도상국들의 인구 증가율은 여전히 높으며 지구의 인구는 지금도 매년 증가하고 있다. 하지만, 향후 수십 년이 지나면 지구의 인구는 증가를 멈추고 감소로 돌아서게 될 것이다. 저출산 문제는 아직 한국을 비롯하여 주로 선진국에 속하는 나라들이 직면하고 있는 국지적 문제이지만, 언젠가 세계적인 문제가 될 것이며, 내가 한국의 저출산 문제를 해결하는 방안을 제시할 수 있다면 한국뿐만 아니라 언젠가는 인류 전체에 도움이 될 것이라는 생각이 들었다.

## 저출산 문제를 직면하고 있는 선진국들

저출산 문제를 직면하고 있는 여러 선진국은 각각의 방식으로 출산장려정책을 시행하고 있으며, 어느 정도 성과를 거두고 있다. 프랑스의 출산율은 1960년 2.73명에서 1993년 1.65명으로 급속히 감소하였다가 정부의 강력한 출산장려정책 시행으로 인해 2009년 이후에는 인구대체율(2.1)에 근접한 2.08명을 기록하였고, 이후 6년 연속 2.0명대를 유지하고 있으며, 2021년 기준 1.83명(프랑스 통계청)을 기록하고 있다. 프랑스는 정책적으로 저출산 문제를 훌륭하게 해결하고 있는 대표적 국가라고 할 수 있다. 일본의 경우 1950년을 정점으로 급격히 감소한 출산율은 2005년 1.26명으로 사상 최저를 기록했고, 이후 2018년 1.42명으로 반등하는 듯했으나 2022년에는 1.30명을 나타내는 등 최근 다시 감소 추세이다. 일본도 프랑스와 마찬가지로 강력한 출산장려정책을 시행하고 있지만, 그 효과는 출산율 상승까지는 도달하지 못하고 현상 유지 정도에 그치고 있다. 이처럼 이미 저출산 문제에 직면한 대부분의 나라들은 각자 나름대로의 정책 시행으로 출산율을 반등시키거나 하락을 막고 있다.

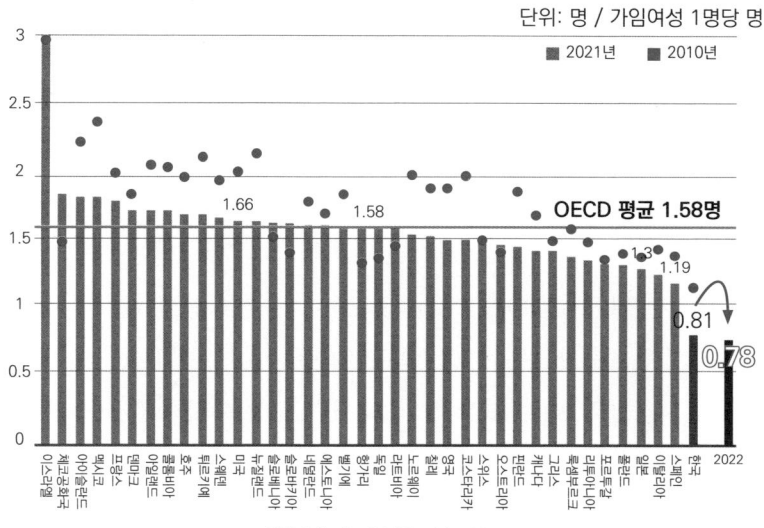

KBS 뉴스, 2023. 12. 03.

우리나라 또한 2005년 6월 「저출산·고령사회기본법」을 제정하고 대통령 직속으로 '저출산·고령사회위원회'를 조직하여 정책을 수립하고 매년 수십조의 예산을 투입하고 있다. 그러나 어느 정도의 가시적 성과를 보여주고 있는 다른 선진국들과는 대조적으로 한국 정부의 정책은 전혀 효과를 보여주지 못하고 있다. 정부의 강력한 정책에도 불구하고 한국의 출산율은 반등은 고사하고 현상 유지도 못 한 채 매년 더 낮아지고 있다. 통계청에 의하면 한국은 2003년 합계출산율 1.3명을 기록해 초저출산국이 되었다. 그 후 약 15년간 1.05~1.3 범위 안에서 머물러 있다가 2018년 0.98명으로 합계출산율이 1명 아래로 떨어졌다. 그 후에도 지금까지 지속적으로 하락하여 2023년에는 0.7명을 기록했다.

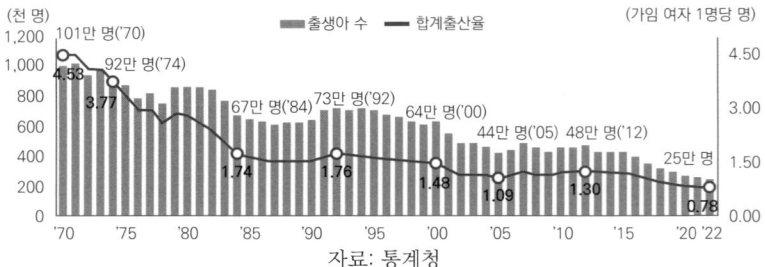
자료: 통계청

통계청이 발표한 〈2023년 6월 및 2분기 인구동향〉에 따르면 2023년 2분기 합계출산율은 0.70명으로 전년 동기에 비해 0.05명 감소한 것으로 나타났다. 이는 세계적으로 유례가 없는 최저의 출산율이다.

현재 한국은 전 세계에서 가장 적게 아이를 낳는 국가가 되었다. 많은 선진국에서 저출산이 사회문제가 되고 있긴 하지만, 한국처럼 합계출산율이 1명도 아닌 0.70명이 될 정도로 심각한 나라는 지구상에 하나도 없다. 즉, 저출산 문제는 한국이라는 나라에서 유독 그 정도가 급속도로 진행되고 있는 독특한 문제라고 할 수 있다.

## 선진국에서 성공적인 정책들이 한국에서 통하지 않는 이유

한국의 현대사를 돌이켜 보면 유럽이나 미국, 혹은 일본에서 일어난 여러 사회적 현상들이 시차를 두고 한국에서도 발생하곤 했음을 알 수 있다. 대표적인 것으로 산업구조의 변화, 민주화, 도시화, 여성 인권 문제, 환경 문제 등을 들 수 있다. 저출산 문제 또한 유럽의 선진국이나 일본에서 먼저 발생했으며, 시차를 두고 한국에서도 발생하고 있다. 그런 면에서 저출산 현상은 사회의 발전이 어느 수준에 도달하면 공통적으로 나타나는 현상 중에 하나라고 할 수 있을 것이다. 이처럼 지난 반세기 동안 한국은 선진국들을 따라 발전해 왔으며, 자연스럽게 선진국에 먼저 나타났던 문제들을 직면하게 되었고, 문제의 해결책 또한 선진국의 사례에서 찾는 관행이 형성되어 왔다.

전문가들은 한국 저출산 현상의 원인으로 급속도로 진행된 경제 발전, 과도한 부동산 가격, 수도권으로의 인구 집중, 세계 최고 수준의 높은 교육열, 치열한 취업 전쟁 등을 지적하고 있다. 전문가들이 지적한 우리나라의 사회적 현상들은 그 규모의 차이는 있지만 서구 여러 선진국에서 나타난 현상들이다. 그래서 전문가들은 프랑스나 일본을 비롯하여 선진국들의 성공적인 저출산 대책 정책들을 연구하고, 그중에 한국에 적합하다고 여겨지는 정책들을 도입하여 지난 10여 년 동안 시행해 왔다. 하지만 한국의 저출산 현상은 반등이나 현상 유지는커녕 오히려 매년 악화되고 있다. 왜 한국 정부의 출산장려정책들은 선진국들에서와는 달리 다 실패하고 있는가?

한국에서 나타나고 있는 저출산 현상은 그 속도와 강도가 다른 어떤 나라들에서도 유례를 찾을 수 없을 정도로 극단적이다. 세계 어느 선진국에서도 한국처럼 낮은 출산율을 보여주고 있지 않다. 따라서 선진국의 정책을 가져다 쓰는 것은 병명을 알 수 없는 희귀질환 환자에게 선진국의 감기약을 가져다 쓰는 것처럼 효과가 없을 수밖에 없다. 세계에서 유례를 찾을 수 없는 문제에 대한 해결책은 당연히 세계 어느 나라에도 존재할 수 없다. 한국이 기록하고 있는 저출산율 세계 1위라는 이 극단적 현상에는 한국이라는 나라만이 가진 특별한 원인이 있음이 틀림없다. 그 원인을 찾아 해결하지 않고서는 저출산 문제의 해결을 기대할 수 없다. 선진국에서 해결책을 빌려 올 것이 아니라 우리 스스로 한국식 해결책을 고안해 내야 한다.

## 한국 저출산의 근본적 원인

그렇다면 한국이 가진 저출산의 근본적 원인은 무엇인가? 선진국들의 훌륭한 정책들이 효과를 발휘하지 못하게 하는 한국만의 원인은 무엇인가? 나는 이 문제에 대해서 잠시 생각하다가 문득 한국의 극단적 초저출산 현상의 근본적 원인이 무엇인지 깨닫게 되었다. 그것은 바로 한국인들의 삶이 행복하지 못하다는 점이다. 한국인들이 아이를 낳지 않으려는 근본적 이유는 현재 자신들의 삶이 행복하지 못하며, 아이를 가지게 되면 행복한 삶을 살기가 더욱 어려워질 것이라고 생각하기 때문이다. 나아가서 아이를 낳아도 그 아이의 삶 또한 행복하지 못할 것이라고 생각하기 때문이다.

앞에서 언급한 것처럼 전문가들은 한국의 잘못된 부동산 정책으로 인한 집값 폭등, 수도권으로의 지나친 인구 집중, 육아휴직 등이 제대로 보장되지 않는 기업문화, 육아로 인한 경력 단절, 세계 최고 수준의 교육열, 급속도로 진행된 경제 발전, 치열한 취업 전쟁 등을 한국 저출산의 원인으로 꼽고 있고, 그러한 문제들을 하나씩 해결하다 보면 자연스럽게 저출산 문제도 해결될 것이라고 주장하고 있다. 정부 또한 전문가들의 분석에 따라 수많은 정책을 수립하고 시행하고 있다.

전문가들이 제시하는 문제들은 정도의 차이는 있지만 선진국들을 포함하여 거의 모든 나라에 존재하는 문제들이다. 인간이 살아가는 모든 사회에 필연적으로 존재할 수밖에 없는 문제들이며, 인간은 영원히 저런 문제들과 함께 살아간다. 하나의 문제를 해결하면 새로운 문제들이 나타나는 것이 자연스러운 현상이다. 하지만 문제가 있다고 해서 아이를 낳지 않는다는 것은 지극히 비자연스러운 현상이다. 한국보다 더 심각한 문제들이 산재해 있는 나라들도 출산율은 한국보다 훨씬 높다. 50년 전 한국은 지금보다 더 많은 문제가 있었고, 더 상황이 좋지 않았지만, 출산율은 훨씬 높았다.

유엔 산하 자문기구인 지속가능발전해법네트워크(SNSD)가 2013년부터 매년 발표하는 〈세계행복보고서〉에 의하면 한국은 38개 OECD 회원국 중 매년 행복지수가 최하위권에 머물고 있다. OECD 회원국을 포함하여 조사대상국 전체로 범위를 넓혀도 한국은 2021년 62위, 2022년 59위, 2023년 57위를 기록하고 있다. 브라질, 바레인, 카자흐스탄, 아랍에미리트 등의 나라도 우리보다 행복지수가 높다. 현재 한국에서 살고 있는 다수의 한국인은 자신의 삶이 행복하다고 여기지 않는다. 경제적으로 빈곤한 나라의 행복지수가 낮은 것은 이해할 수 있다. 그 나라의 국민들은 언젠가 자신들도 더 잘살게 되면 보다 행복해질 것이라는 희망을 가지고 살아갈 것이다. 한국인 또한 그런 희망을 가지고 치열하게 살아왔다. 그 결과 지난 반세기 동안 한국은 세계가 놀라는 경제 발전을 이루어냈다. 그럼에도 여전히 행복하지 못하다. 경제적 빈곤을 벗어나서 세계 10위권의 경제 대국이 되어 마침내 선진국 대열에 진입했음에도 행복하지 못하다면 이제 어떻게 해야 하는가?

한국이 이룩한 경제 성장에도 불구하고 한국의 젊은 세대들이 보기에 부모들이 살아온 삶이 그다지 행복해 보이지 않는다. 한국의 젊은이들은 또한 대부분 참으로 성실하고 열심히 살고 있지만, 자신의 어린 시절이 행복했다고 생각하지 않으며, 현재 자신의 삶도 그다지 행복하다고 생각하지 않는다. 아이를 가지면 행복한 삶은 더욱 멀어질 것이라고 생각한다. 나아가서 많은 한국인은 자신의 아이들도 행복한 삶을 살 것이라는 믿음을 갖지 못하고 있다. 행복한 삶을 살지 못하는 젊은이가 어떻게 아이를 낳아 그 아이를 행복하게 기를 수 있겠는가? 아이를 낳아도 그 아이가 행복하게 살 수 있을 것이라는 믿음을 가지기 힘든 세상에서 어떻게 아이를 낳아 기르기를 기대할 수 있겠는가? 이 세상에 태어나서 행복하게 살 수 없다면 차라리 태어나지 않는 것이 더 낫지 않겠는가? 사람들이 행복하게 살 수 없는 나라라면 저출산이 지속되어 결국에는 그 나라 자체가 소멸되는 것이 더 낫지 않겠는가? 자신의 아이가 행복한 삶을 살기 어려울 것이라고 생각하면서도 아이를 가진다면, 그것은 그 아이의 삶을 생각하지 않고 자신만 생각하는 무책임하고 이기적인 선택이라고 할 수 있다. 한국의 젊은이들은 그토록 무책임하고 이기적이지 않기 때문에 차라리 아이 없는 삶을 선택하고 있다.

  보건복지부 산하 한국건강증진개발원이 발표한 〈국가 간 건강 수준 분석〉 결과에 따르면 2021년 기준 대한민국 인구 10만 명당 자살사망률은 24.3명으로 OECD 회원국 중 1위였으며, 2위인 리투아니아(18.5명)와의 격차도 상당했다. 자살률 1위라는 통계는 대한민국이라는 나라의 국민들이 얼마나 행복하지 못한 삶을 살아가고 있는지를 상징적으로 보여준다. 대부분의 사람들은 삶이 행복하지 못해도 이미 태어났기에 어떻게든 살아가려고 한다. 그럼에도 불구하고 자살하는 사람이 가장 많은 나라가 대한민국이다. 자살률이 가장 높은 나라가 출산율이 가장 낮은 것은 당연한 현상이다. 아직 태어나지 않은 자기 자식만큼은 이런 불행한 삶을 또다시 살게 하고 싶지 않다는 잠재 의식적 의지가 사회 전반의 초저출산 현상으로 나타나고 있다. 수많은 사람이 자살을 생각하는 사회, 실제로 자살을 실행하는 비율이 OECD 1위인 사회, 태어나서 결국 자살을 선택하게 될지도 모른다면 누가 이 세상에 태어나는 것을 선택하겠는가?

  한국의 초저출산 현상은 일종의 국가적 자살 현상이라고 할 수 있다. 대한민국이라는 나라에서 살아가는 삶의 불행을 나의 세대에서 끝내고자 하는 현상이라고 할 수 있다. 따라서 우리나라의 저출산 현상을 극복할 수 있는 근본적인 길은 한국인의 삶을 행복하게 하는 것이다.

## 어떻게 해야 하는가?

우리나라 저출산 문제의 근본 원인은 이처럼 한국인의 삶이 행복하지 못하기 때문이며, 아이를 가지면 행복한 삶을 살기가 더욱 어려워지기 때문이라면, 그 해결책은 당연히 한국인의 삶을 행복하게 하는 것에 있다. 특히, 아이를 가진 사람들이 아이가 없는 사람들보다 확실히 더 행복한 삶을 살게 할 수 있다면 저출산 문제는 저절로 해결될 것이다. 우리나라 정부의 모든 저출산 정책이 실패한 이유는 그 정책들이 한국인의 삶을 보다 행복하게 하는 데 기여를 하지 못했기 때문이다.

어떻게 하면 한국인이 한국 땅에서 행복하게 살아가게 할 수 있을까? 행복이란 지극히 개인적이고 추상적인 개념이기 때문에 한 나라의 국민을 전체적으로 행복하게 만드는 것은 참으로 어려운 난제처럼 보인다. 하지만 나는 고심 끝에 한국인들의 삶을 행복하게 만들어 저출산 문제를 해결할 수 있는 획기적인 방안 세 가지를 생각해 낼 수 있었다. 여기서는 일단 내가 생각해 낸 방안 세 가지를 소개하고자 한다.

내가 생각해 낸 첫째 방안은 한반도의 평화적 통일이고, 둘째 방안은 노인 빈곤 문제를 해결하여 노인을 행복하게 하는 것이며, 셋째 방안은 초등학교 이하 교육과정을 혁신하여 어린아이들을 행복하게 하는 것이다. 이상 세 가지 방안이 모두 실현된다면 한국인의 삶은 보다 행복해질 것이며, 우리나라의 초저출산율 문제는 저절로 해결될 것이라고 나는 확신한다.

첫째 방안인 한반도의 평화적 통일은 인구 문제에 대한 가장 쉬운 해결책이 될 뿐만 아니라 정체기에 접어든 한국의 경제 성장에도 돌파구가 될 것이다. 우리 민족은 676년 신라에 의해 삼국이 통일된 이후 고려와 조선 왕국 1,272년 동안 단일국가로 존재해 왔다. 하지만 일제강점기와 주변 강대국들의 자국 우선주의 정책으로 인해 1948년 남한과 북한에 별개의 정부가 수립되었고, 그 후 지금까지 77년째 분단이 이어지고 있다. 한반도가 평화적으로 통일된다면 하나 된 한반도는 인구 문제를 해결하고 세계 속 초강대국이 되어 제2의 번영을 향해 나아갈 수 있을 것이다. 하지만 안타깝게도 통일은 우리나라만의 의지로 이루어지는 것이 아니며, 지금 당장 현실화시킬 수도 없기 때문에 더 이상 논의하지 않겠다.

그래서 나는 앞으로 이 책에서 노인 빈곤 문제의 해결과 초등학교 이하 교육과정의 혁신이라는 두 가지 방안에 집중해서 어떻게 이 방안들이 한국의 극단적 초저출산 문제를 해결할 수 있는지 밝히고자 한다. 결론부터 말하자면, 여기에서 제시하는 노인 빈곤 문제의 해결과 초등학교 이하 교육과정의 혁신은 우리나라 노인 세대와 어린이 세대의 삶을 행복하게 만드는 데 그 목적이 있다. 그렇다면 왜 노인과 어린이인가? 인생을 아동기와 청년기, 중장년기, 노인기로 나눈다면, 청년기와 중장년기는 치열하게 살아야 하는 시기이다. 반면에 노인기는 인생의 끝에 해당하는 마지막 시기이며, 아동기는 인생의 시작에 해당하는 시기이다. 무엇이든 처음과 끝이 좋으면 중간에 우여곡절이 있다 하더라도 결국에 다 좋다고 할 수 있다. 하지만 중간이 아무리 좋다 하더라도 시작과 끝이 좋지 않으면 결코 좋다고 할 수 없다. 인생의 시작과 마지막이 행복해야 인생 전체가 행복할 수 있다. 인생의 시작이나 마지막이 행복하지 못하면 결국 인생 전체가 행복하지 못하게 된다. 노인이 행복하지 못한 나라에 미래는 없다. 어린이가 행복하지 못한 나라에 미래는 없다.

따라서 이 책에서 제시하는 방안의 목적은 저출산 문제의 해결을 위한 것이라기보다는 한국인의 삶을 행복하게 만드는 데 있다. 한국인의 삶이 행복해지면 저출산 문제는 자연스럽게 해결될 것이다.

# 1장
# 노인이 행복하지 못한 나라에 미래는 없다

우리나라가 직면하고 있는 저출산 문제를 해결하고 젊은 세대들이 보다 많은 아이를 가지도록 할 수 있는 가장 효과적인 방안은 노인 빈곤 문제를 해결하여 노인을 행복하게 하는 것이다. 이 책에서는 지금부터 노인 빈곤 문제의 해결이 어떻게 한국의 저출산 문제를 해결하는 최고의 방안이 되는지 설명하겠다.

## 노인 빈곤과 저출산의 악순환

우리나라는 저출산 문제뿐만 아니라 심각한 노인 빈곤 문제도 함께 겪고 있다. 우리나라는 현재 OECD 회원국 중 노인 빈곤율이 가장 높으며, 노인의 행복지수는 가장 낮다. 노인 자살률도 수십 년간 계속해서 1위를 기록 중이다. 노인은 인생의 마지막 시기이다. 인생의 마지막 시기가 행복하다면 그 인생은 해피엔딩이라고 부를 수 있다. 하지만 인생의 마지막 시기가 불행하게 끝난다면 그 인생은 비극적이라고 하지 않을 수 없다. 행복하지 못한 노년기를 보내는 사람들이 느끼는 인생의 공허함과 절망감은 젊은 세대들에게도 막대한 부정적 영향을 준다. 한국의 많은 젊은이는 어떻게든 한국 노인들처럼 불행한 노후를 답습하지 않기를 열망하고 있다. 아이를 낳는 것이 빈곤한 노년으로 이어진다면 저출산은 피할 수 없는 현상이 된다. 나는 노인 빈곤 현상과 저출산 현상이 매우 밀접한 관계가 있으며, 그 해결 또한 동시에 이루어져야 한다고 생각한다.

그렇다면 왜 한국의 노인들은 이토록 빈곤하고 이토록 불행한가? 여러 가지 이유를 제시할 수 있겠지만, 가장 주된 이유는 바로 아이 때문이다. 우리나라의 많은 노인들은 젊었을 때 아이를 낳아 양육하고 교육하느라 자신의 노후를 제대로 준비하지 못했다. 그 결과 빈곤 속에서 불행한 인생 후반기를 보내고 있다. 현재 아이를 가질 수 있는 가임기의 젊은이들은 자신들의 부모나 조부모 세대가 왜 그토록 빈곤한 상태로 노후를 보내게 되었는지 잘 알고 있다. 자녀 양육과 교육에 지나치게 많은 자원을 투입할 것을 강요하는 한국에서 아이를 낳아 기르다 보면 빈곤한 노후를 보내게 될 가능성이 매우 높아지게 된다는 것을 잘 알고 있다. 현대 대한민국 사회는 아이를 낳아 기르는 것이 빈곤하고 불행한 노후의 원인이 되는 뒤틀린 사회 구조를 가지고 있다. 즉, 아이를 낳아 양육하고 교육하는 것이 노인 빈곤의 원인이 되며, 노인 빈곤이 또다시 저출산의 원인이 된다. 심지어 어떤 부모님들은 자신의 장성한 자녀들에게 "너희는 아이를 가지지 마라"라고 조언한다. 부모님들이 자신의 자녀들에게 "너희는 굳이 아이를 가지지 말고, 자신의 인생을 즐기며 행복하게 살아라"라고 조언하는 사회에서 젊은이들이 아이 없는 삶을 선택하는 것은 자신이 삶을 제대로 살기 위한 현명한 선택이라고 할 수 있다. 아이를 양육하고 교육하는 것이 노년기의 빈곤을 가져오는 이 악순환을 끊지 못하는 한 출산율의 회복은 기대할 수 없다.

　인터넷에 저출산 정책을 검색해 보면 무수히 많은 정책들이 이미 시행 중임을 알 수 있다. 우리나라 정부는 출산율 증가를 위해 다양한 지원책을 제공하고 있으며, 이에는 출산장려금 지급, 육아휴직 확대, 양육수당 지원, 교육비 지원 등이 포함되어 있다. 그 정책들은 대부분 저출산 문제를 겪고 있는 선진국들에서 먼저 시행했으며 그 나라들에서는 각자 나름대로 성과를 거두어 왔다. 그럼에도 불구하고 우리나라의 출산율은 개선되지 않고 해가 갈수록 심화되고 있다. 현재 우리나라의 합계출산율을 보면 정부의 저출산 정책은 완전히 실패했다고 단언해도 과언이 아니다. 합계출산율 0.7이라는 수치는 어쩌면 정부가 단 하나의 정책도 시행하지 않고 완전히 방치했다 하더라도 결코 나올 수 없는 수치가 아닐까?

　한국 정부의 저출산 정책이 성공하지 못한 근본적인 이유는 그 정책들이 국민들을 행복하게 만들지 못했기 때문이며, 그중에서도 특히 노인들의 행복에 어떠한 도움도 되지 못했기 때문이다. 유럽 선진국의 노인들은 우리나라 노인들보다 훨씬 경제적으로 여유가 있으며 행복하다. 그렇기 때문에 그 나라들의 저출산 정책들은 노인 행복 정책이 아니더라도 성과를 거둘 수 있었다. 선진국에서 시행하고 있는 정책들을 그대로 도입해서 시행해도 우리나라에서 효과가 없는 것은 그 정책들이 노인 빈곤 문제를 해결하지 못하고 노인의 행복에 기여하지 못하기 때문이다.

## 노인이 가난한 나라

　현재 한국은 만 65세가 되면 공식적으로 노인이 된다. 물론, 평균 수명과 건강 연령이 높아지고 노인 인구의 비율이 계속 늘어나고 있는 시대적 변화를 고려해서 노인 연령 기준을 상향해야 할 필요성이 있다. 노인의 연령 기준을 몇 살로 하든, 노인은 모든 국민 중에서 가장 오래 경제 활동을 한 사람들이다. 노인이 일반적으로 젊었을 때부터 30년~40년 경제 활동을 했을 것이다. 가장 오래 경제 활동을 한 노인들이 전 연령대에서 가장 부유해야 하는 것이 당연하다. 일을 오래 했을수록 더 많은 돈을 벌었을 것이기 때문이다. 대부분의 선진국은 노인들이 부유하다. 그런데 한국의 노인들은 모든 연령대에서 가장 빈곤한 연령대에 속한다. 선진국이라는 나라들 가운데 노인층이 한국의 노인층만큼 빈곤한 나라는 하나도 없다.

　통계청이 발표한 〈한국의 지속가능발전목표(SDGs) 이행보고서 2022〉에 따르면 우리나라 66세 이상 노인의 상대적 빈곤율은 40.4%에 이른다. 이는 18세~65세에 해당하는 일반 성인 빈곤율(10.6%)의 4배에 가깝다. 또한 노인 10명 중 4명은 상대적 빈곤층에 해당하는 것으로 OECD 회원국 평균의 3배에 달한다. 즉, 우리나라 노인들은 다른 연령층에 비교해서도 지나치게 빈곤할 뿐만 아니라, 다른 나라의 노인들과 비교해서도 매우 빈곤하다. 통계청이 보도한 〈2022년 가계금융복지조사 결과〉에 따르면, 2022년 3월 말 기준 우리나라 가구주의 실제 은퇴 연령은 62.9세로 나타났다. 은퇴 후 가구주와 배우자의 월평균 적정 생활비는 314만 원인데, 생활비가 여유 있는 가구는 10.3%에 지나지 않았으며, 부족한 가구는 57.2%에 달했다. 더구나 2022년 기준으로 아직 가구주가 은퇴하지 않은 가구의 경우도 노후 준비가 잘되어 있는 가구는 8.7%에 지나지 않았으며, 잘되어 있지 않은 가구는 52.6%에 달해서 노인층의 열악한 경제적 상황은 앞으로도 쉽게 개선되지 않을 것으로 보인다.

이처럼 한국의 노인 빈곤율이 OECD 회원국 중에 가장 높다는 것은 이미 잘 알려진 사실이다. 더욱 우울한 사실은 이 상황이 앞으로도 오랫동안 개선되지 않고 지속될 것이라는 전망이다. 국민연금연구원에서 발표한 〈NPRI 빈곤전망 모형 연구(2022)〉에 따르면, 2020년 기준 OECD 국가 평균의 대략 2.5배 수준에 달하는 우리나라의 노인 빈곤율은 2020년에 태어난 영아가 노인이 되는 2085년에도 노인 10명 중 3명꼴로 '빈곤' 상태일 정도로 높을 수 있다고 예측한다. 무려 65년 후에도 우리나라 노인 빈곤율은 OECD 국가 평균 예상치(15~16%대)보다 여전히 2배가량 높은 수준에 있게 된다. 즉, 앞으로도 수십 년 동안 우리나라 사람들은 노인이 되면 빈곤한 삶을 살 수밖에 없는 상황으로 전망된다.

**빈곤율 예측 결과(요약) - 노인 빈곤율(중위소득 50%)**

| 시나리오 | | 1 | 2 | 3 | 4 |
|---|---|---|---|---|---|
| | 국민연금 | 소득대체율 현행(40%) 유지 | | | |
| | 기초연금 | 30만 원(2021~) | | 40만 원(2024~) | |
| | 기초생활보장제도 | 중위소득 30% | | | |
| | | 기존수급자 | 소득기준 선정 | 기존수급자 | 소득기준 선정 |
| 2025 | | 37.68 | 38.64 | 36.27 | 37.04 |
| 2035 | | 35.48 | 36.38 | 33.25 | 34.03 |
| 2045 | | 33.06 | 33.99 | 30.27 | 31.43 |
| 2055 | | 30.17 | 31.11 | 26.48 | 27.73 |
| 2065 | | 26.65 | 27.77 | 24.20 | 25.19 |
| 2075 | | 26.34 | 28.01 | 24.15 | 25.53 |
| 2085 | | 29.80 | 30.09 | 25.49 | 26.35 |

자료: 통계청 가계금융복지조사(2021), 국민연금연구원 내부 자료

　우리 사회에서 가장 오래 경제 활동을 했는데, 막상 노인이 되니 가장 빈곤한 상태가 된다는 것은 잘못되어도 매우 잘못되었다고 할 수 있다. 가장 오래 일을 했고, 가장 많이 돈을 벌었으니 가장 부유한 연령대가 되어야 하는 것이 당연한데, 오히려 노인들이 가장 가난하다는 사실은 무엇을 말하는가? 이런 현상은 상식적으로 일어날 수 없는 일이며 일어나서도 안 되는 일이 아닌가? 우리나라가 공정하고 정의로우며 상식적인 사회라면 결코 이런 현상은 일어나지 않아야 한다.

## 노인의 빈곤을 부끄러워하지 않는 나라

　더욱 기이한 점은 한국인들이 노인의 빈곤을 당연하게 여기며 수

치스러워하지 않는 경향이 있다는 점이다. 어느 누구도 노인 빈곤을 가장 우선적으로 해결해야 할 시급한 문제로 여기지 않는 것 같다. OECD 가입 국가 중에서 노인 빈곤율이 1위라는 통계를 접하고도 한국인들은 별 충격을 받지 않는 것처럼 보인다. 향후 수십 년이 지나도 사정이 달라지지 않을 것이라는 암울한 전망에도 불구하고 노인 빈곤 문제의 해결에 큰 관심이 없는 듯하다. 한국에서 보여지는 이런 현상은 참으로 잘못된 현상이라고 할 수 있다. 노인들은 가장 오래 노동한 사람들이며, 가장 많이 돈을 번 사람들이다. 가장 오래 노동해서 가장 많이 돈을 벌었으니 모든 계층에서 가장 부유해야 하는 것이 정상이다. 평생을 일한 후에 노인이 되니 가장 빈곤한 계층이 되는 비극을 어떻게 당연한 현상으로 받아들일 수 있단 말인가? 노인들은 경제적 생산 능력이 없으니, 사회 활동은 그만하고 집에만 있으란 말인가? 어차피 노인들은 살날이 얼마 남지 않았으니, 빈곤하게 살다가 이 세상을 떠나도 된다는 말인가?

현재의 젊은이들도 언젠가는 노인이 될 수밖에 없다. 지금 노인 빈곤 문제를 해결하지 않는다면 그 젊은이들 역시 빈곤한 노인으로 살게 될 것이다. 만약 우리 사회가 노인의 빈곤을 당연하게 받아들인다면 장차 노인이 될 중장년과 청년들은 무슨 희망을 가지고 열심히 살아간 단 말인가? 열심히 일하면 시간이 지날수록 점점 자신의 삶이 더 좋아질 것이라는 희망이 있어야 살아갈 힘이 생길 것이 아닌가? 오늘 열심히 사는 것은 오늘 나의 노력이 내일 나의 삶을 더 좋은 상태로 만들어 줄 것이라는 기대 때문이 아닌가? 그런데 아무리 열심히 살아도 노인이 되어서 가장 빈곤해진다면, 도대체 무슨 의지로 이 삶을 열심히 살겠는가? 평생을 열심히 살았는데 노인이 되어 가장 빈곤해진다면 우리의 삶은 그 자체로 비극이 아닌가?

한 사회의 노인들이 빈곤하다면 그 사회의 구성원들은 수치스럽게 생각해야 한다. 노인의 빈곤을 당연시하는 사회는 정의롭지 못하며 심각하게 병든 사회이다. 젊었을 때 사회의 주축이 되어 나라의 발전에 기여했음에도 불구하고 늙어서 노동력이 없다고 빈곤 상태로 내버려둔다면 우리 사회는 인간을 존중하는 사회라고 할 수 없다. 인간을 한낱 도구로 보는 사회인 것이다. 만약 우리 사회가 인간을 쓸모 있을 때 쓰고 쓸모없을 때 방치한다면 우리 사회는 존재할 가치가 없다. 대한민국의 저출산 현상은 이러한 사회의 풍조가 기저에 깔려 있어서 일어나는 현상이라고 할 수 있다. 인간을 존중하지 않고 한낱 도구로 보는 사회에서 누가 아이를 낳아 기르고 싶어 하겠는가? 그 아이도 한낱 도구에 지나지 않는 존재가 될 것이다. 한국 사회가 노인의 빈곤을 당연하게 받아들이고 인간을 노동력이라는 잣대로만 취급하는 의식을 계속 유지한다면 한국은 절대 진정한 선진국이 될 수 없으며, 한국인들은 수치 속에 살아야 할 것이다. 노인이 행복하지 못한 나라는 미래가 없다. 그런 나라는 지구상에서 소멸되어야 마땅하다.

끝이 좋으면 모든 것이 좋다는 말이 있다. 하지만 끝이 나쁘면 시작과 중간이 아무리 좋다 하더라도 결코 좋은 것이 될 수 없다. 인간의 삶은 무엇보다 끝이 좋아야 한다. 끝이 좋아야 인생은 살만한 것이 된다. 가장 오래 경제 활동을 한 후에 노인이 된 사람들은 모든 면에서 여유롭고 품격이 있어야 하며 존경을 받아야 한다. 노인이 여유롭고 노인이 품격이 있으며, 노인이 존경받는 사회가 되어야 비로소 인간이 살만한 사회가 되는 것이다. 옛날에 우리나라는 모든 연령대가 다 가난했기 때문에 노인 빈곤 문제는 어쩔 수 없는 현상으로 여겼다. 하지만 지금 한국이 경제적으로 선진국이 맞다면 노인 빈곤 문제는 최우선적으로 해결해야 한다. 노인이 가난한 선진국은 결코 선진국이라고 할 수 없다. 우리 사회는 지금 당장 노인 빈곤 문제를 해결해야 한다.

## 자녀를 둔 노인에게 기초연금을 추가 지급하라

우리나라 노인이 이토록 빈곤하게 된 제1 원인이 자녀의 양육과 교육에 있다면, 노인 빈곤 문제의 해결은 가장 확실한 저출산 문제의 해법이 된다. 자녀를 낳아 길러도 그로 인해 노년이 빈곤해지지 않도록 해야 한다. 나아가서 자녀를 낳아 기르는 것이 노년의 풍요로운 삶을 보장하는 보험이 되어야 한다. 우리 사회가 노인 빈곤 문제를 해결할 수 있다면 저출산 문제도 상당 부분 해결할 수 있다. 하지만 노인 빈곤 문제를 해결하지 못한다면 저출산 문제의 해결은 사실상 불가능하다. 한국 정부에서 시행하고 있는 수많은 저출산 대책 정책들이 노인 빈곤 문제 해결에 아무런 도움도 되지 않기 때문에 한국의 저출산 현상은 더욱 심화되고 있는 것이다.

우리나라는 2014년 7월부터 「기초연금법」에 근거하여 기초연금제도를 시행하고 있다. 이 법은 만 65세 이상 대한민국 국적의 국내 거주자에게 매월 일정한 금액의 연금을 지급하여 안정적인 소득기반을 제공함으로써 노인의 생활 안정을 지원하고 복지를 증진함을 목적으로 하고 있다. 2023년 기초연금 집행 계획을 보면 만 65세 이상의 대한민국 국적의 국내 거주자 중 소득 하위 70% 이하의 노인에게 단독으로 월 최대 323,180원, 부부의 경우 월 최대 517,080원이 지급된다. 기초연금제도의 시행 이후 노인 빈곤이 조금씩 완화되고 있지만, 여전히 우리나라는 OECD 회원국 중에서 노인 빈곤율 1위를 벗어나지 못하고 있다.

나는 여기서 기초연금을 차등 지급함으로써 노인 빈곤 문제를 해결하고, 동시에 저출산 문제도 해결할 수 있음을 제시한다. 저출산 문제를 해결하기 위한 기초연금의 차등 지급 방안은 현재 기초연금을 받고 있는 노인들 중에 성인 자녀가 있는 노인들에게 일정 금액의 연금을 추가적으로 더 지급하는 것이다. 예를 들어, 70세의 노인에게 40세의 자녀가 한 명 있다면 그 노인에게 현재의 기초연금에다 매월 20만 원 정도의 연금을 더 지급한다. 만약 성인 자녀가 두 명 있다면 40만 원 정도의 연금을 더 지급하면 된다. 물론 여기서 제시한 금액은 하나의 예이다. 실제로 정책화되어서 시행한다면 금액이나 적용 연령 등 세부 사항들은 국회를 비롯한 정치권과 정부 기관, 각 분야의 전문가들이 국민들의 여론을 반영해서 사회적 합의를 토대로 정해야 할 것이다.

성인 자녀가 있는 노인들에게 기초연금을 추가로 더 지급하는 정책은 노인 빈곤 문제를 해결할 수 있을 뿐만 아니라 가장 합리적인 저출산 문제의 해법이 될 수 있다. 65세 이상의 부모를 둔 젊은이들이 자신의 존재로 인해 부모님들이 국가로부터 추가적인 연금을 받는 것을 본다면, 그들은 자신도 아이를 낳아 기르면 나중에 노인이 되었을 때 국가로부터 추가적인 연금을 받게 될 것임을 알 수 있다. 자녀를 낳아 기르는 것이 곧바로 국가가 보장하는 노후 보장책이 된다면 젊은이들이 자녀를 가지는 선택을 할 가능성이 획기적으로 높아질 것이다. 그리고 무엇보다 현재 우리나라 노인들이 OECD 회원국 중에서 가장 빈곤한 이유가 그들이 젊었을 때 자녀 양육과 교육에 전념하느라 자신들의 노후를 준비하지 못한 데 있다는 사실을 생각해 보라. 아이를 낳아 키우는 것이 노후의 빈곤과 불행으로 이어지는데 어떻게 젊은이들이 마음 놓고 아이를 낳아 기를 수 있겠는가? 반대로 아이를 낳아 기르는 것이 오히려 든든한 노후의 보장책이 될 수 있다면 왜 아이를 낳아 기르는 행복을 포기하겠는가? 따라서 자녀를 가지는 것이 노후 빈곤으로 이어지는 구조적 악순환의 고리를 끊고, 자녀의 존재가 오히려 노후의 안정과 행복을 보장하는 선순환을 만들어야 한다.

## 부모 부양은 자녀가 아니라 국가가 해야 한다

조부모, 부모, 자녀 등 3세대 이상이 함께 대가족을 이루고 사는 것이 보편적이었던 농경 시대에는 성인 자녀가 늙은 부모를 부양하는 것이 당연시되었다. 가족을 구성하는 모든 세대가 농업이라는 같은 직업을 가지고 생계를 함께하였기 때문에 부모가 늙어서 더 이상 노동을 할 수 없어도 계속 함께 사는 것이 당연했다. 특별히 부모를 부양하기 위해서 함께 사는 것이 아니었기에 부모를 부양한다는 생각이 없어도 자연스럽게 부모를 부양한 것이 되었다.

    하지만 현대 산업 사회는 가족 구성원들이 모두 제각각 다른 직업을 가지고 다른 장소에서 다른 일을 하고 있다. 직장의 위치에 따라 사는 지역이 제각각 다를 수밖에 없는 현대 산업 사회에서 농경 시대에 가능했던 형태의 가족을 계속 유지하기란 불가능하며, 농경 시대에 요구되었던 관행을 계속하기를 요구하는 것 또한 불가능하다. 물론 현재에도 부모와 같이 살면서 부모를 부양하고 있는 성인 자녀들이 있다. 그것은 그것대로 좋은 일이다. 또한 부모와 함께 살지 않는 성인 자녀들도 대부분 자신의 부모들에게 매달 일정 금액의 생활비를 드리며 간접적으로 부양을 하고 있다. 자신을 낳아 기르고 교육해서 사회의 일원이 되게 한 부모님의 은혜에 어떻게든 보답하고자 하는 것이 시대를 망라하여 모든 인간의 보편적 감정이다. 실제로 결혼해서 별도의 가정을 꾸린 상태로 경제 활동을 하고 있는 많은 성인 자녀들이 매달 일정 금액의 생활비를 부모에게 보내거나 수시로 용돈을 드리고 있다. 하지만 장성한 모든 젊은이가 직업을 가지고 경제 활동을 할 수 있는 것은 아니며, 경제 활동을 하고 있다 하더라도 절대다수의 젊은이들은 결혼해서 자신의 가정을 꾸리거나 주거 마련, 생활비, 자기 자녀의 교육비 등을 감당하기에도 힘이 드는 것이 사실이다. 부모들 또한 자녀에게 부담을 주지 않기 위해서 설령 빈곤하게 살고 있다 하더라도 자녀의 부양을 거부하는 경우도 많다. 그러므로 성인 자녀에게 부모 부양의 의무를 부과하는 것은 지금의 시대에는 맞지 않는다.

가족이 핵가족화되고 사회가 전문화되면서 가족 구성원들이 하던 많은 역할들을 사회가 맡게 되었다. 예를 들어 옛날에는 아이 양육과 교육에 대한 책임은 대부분 그 아이의 부모에게 있었다. 그러나 가정이 분화되고, 산업이 발달하고, 여성의 사회생활이 증가함에 따라 아이의 양육과 교육에 있어서 가정이 차지하는 비중은 줄어들 수밖에 없었다. 또한 사회의 미래 자원으로서 아이의 양육과 교육을 경제적, 문화적 수준이 천차만별인 부모들에게만 맡기는 것은 아이들에게 결코 공평하지 않을 뿐만 아니라 사회 발전에도 심각한 손실이 될 것이다. 그래서 우리 사회는 계속해서 아이의 양육과 교육을 부모에게 전적으로 맡기지 않고 사회가 분담하는 방향으로 발전해 왔다.

아이 양육과 교육을 사회가 분담하는 것은 아이들에게 기회의 균등을 보장하기 위해서뿐만 아니라 여성들의 경력 단절 문제의 해결을 위해서도 필수적이다. 우리나라는 현재 여성의 대학 졸업 비율이 남성보다 더 높다고 한다. 아이 양육으로 인한 여성들의 경력 단절은 국가적으로도 인적 자원의 막대한 낭비가 된다. 저출산 문제가 아니더라도 고등교육을 받은 여성의 능력을 사회가 활용하기 위해서 경력 단절 문제를 해결해야 하며, 이를 효과적으로 하기 위해 아이 양육과 교육의 사회적 분담 체계가 더욱 광범위하고 치밀하게 구성되어야 한다.

노인 부양과 돌봄 또한 같은 관점에서 보아야 한다. 우리나라를 포함하여 많은 나라에서 예전부터 노인의 부양은 자녀들의 의무였다. 젊었을 때 아이를 낳아 키워놓으면 부모가 늙어서 경제 활동을 할 수 없을 때 그 아이들이 자신의 부모를 부양하는 것이 인간사의 자연스러운 관행이라고 할 수 있었다. 지금도 우리나라의 「민법」에는 가족 간에 부양의 의무를 규정하고 있다. 「민법」 제974조(부양의무)에 의하면 '직계혈족 및 그 배우자, 기타 친족 간에는 서로 부양의 의무가 있다'고 되어 있다. 이 법에 따르면 부모는 미성년자인 자녀를 부양해야 할 의무가 있으며, 자녀는 직계혈족인 부모를 부양해야 할 의무가 있다. 하지만 부모에 대한 자녀의 법률적 부양의무는 2021년 법률의 개정에 의해서 상당 부분 완화되었다. 개정된 법률에 의하면 자녀 가구의 연 소득이 1억 원을 넘거나, 9억 원을 초과하는 재산을 소유한 고소득자의 경우가 아니라면 법률적으로 자녀가 부모의 부양의무를 지지 않게 되었다.

자녀의 부모 부양의무제는 경제적으로 여유가 부족하여 부모를 부양할 여력이 없는 자녀에게도 부모를 부양해야 하는 의무를 지움으로써 오히려 그러한 자녀를 둔 부모들은 빈곤하여도 사회보장 혜택을 받을 수 없게 되었던 문제점이 있었다. 예를 들어, 기초생활수급자가 되어 정부로부터 생계급여를 받아야 할 정도로 빈곤한 노인이 자식이 있다는 이유로 대상자가 되지 못하는 경우도 있었다. 그 자녀 또한 경제적 어려움을 겪고 있어 부모를 부양할 능력이 없음에도 말이다. 자신을 낳아서 길러주고 교육시켜서 사회생활을 할 수 있게 해준 부모에게 할 수만 있다면 그 보답을 하는 것은 바람직하고 당연한 일이다. 다만 법률로서 의무화시키는 것은 자녀나 부모 모두에게 사회적 불이익을 가져다줄 수 있었기 때문에 자녀의 부모 부양의무제가 폐지된 것은 다행한 일이다.

하지만 법률과 상관없이 여전히 많은 자녀들이 부모의 노후에 보탬이 되도록 어느 정도는 부양의 역할을 하고 있다. 2020년에 보건복지부에서 실시한 '노인실태조사'에 따르면 한국 노인의 소득 중에서 사적이전소득은 13.9%에 달한다. 사적이전소득이 대부분 자녀들로부터 받는 정기적 현금이나 비정기적 현금임을 감안하면 자녀들이 일정 부분 노인 부양의 역할을 하고 있음을 알 수 있다. 따라서 노후 보장책의 하나로서 아이를 가지는 이유가 완전히 사라진 것이라고 할 수는 없다.

이처럼 예전부터 자녀가 노후 보장책의 하나로서의 역할을 해왔으며 지금도 일정 부분 그러한 역할을 하고 있는 것은 사실이다. 하지만 노인의 소득에서 자녀의 경제적 지원이 차지하는 비중은 현재 별로 크지 않으며 갈수록 줄어들고 있다. 또한 한국의 노인들은 대부분 자녀에게 경제적 지원을 받기를 원하지 않고 있다. 오히려 반대로 많은 노인들이 이미 성인이 된 자녀에게 계속해서 경제적 지원을 하고 있는 것이 현실이다. 따라서 현재 우리나라의 젊은이들이 자신의 노후 보장책으로 아이를 가지기를 결정하는 경우는 거의 없을 것이다. 자신의 노후를 생각한다면 아이를 가지지 않는 것이 오히려 유리한 선택이다. 자녀 양육과 교육에 들어가는 비용을 감안하면 아무리 그 자녀가 장성해서 부모를 부양해 준다 할지라도 이익이 되기는 힘들다. 차라리 자녀를 가지지 않음으로 해서 자녀 양육과 교육에 들어갈 비용을 절약하여 노후 대비로 돌리는 것이 보다 풍요로운 노후를 보장해 줄 것이 명백하기 때문이다.

또한 우리나라는 현재 청년들의 취업과 결혼이 갈수록 힘들어지고 있다. 취업을 하고 결혼을 하였다 하더라도 가정을 유지하고 자녀의 양육과 교육에 비용을 쏟느라 자기 앞가림도 하기 힘든 것이 대부분 젊은이들의 삶이다. 이들에게 부모 부양까지 기대하는 것은 현실적으로 어렵다. 하지만 우리 민족의 전통 사상인 효를 계승하고 부모와 자식의 친밀한 관계 유지를 위해서 자식의 부모 부양이라는 그 정신은 계속 이어져야 한다. 다만 그 행위의 주체가 개인이 아니라 국가가 되어야 한다. 아이 양육과 교육의 상당 부분을 국가가 책임지고 맡는 것처럼 노인 부양과 돌봄 또한 국가가 맡아야 장성한 젊은이들이 사회에서 능력을 발휘하며 제대로 된 역할을 해낼 수 있다. 젊은이들이 자기 부모 부양과 돌봄을 위해 자신의 사회적 능력을 제대로 발휘할 기회를 포기해야 한다면 우리 사회의 지속 가능하고 안정적 발전은 많은 어려움이 있을 것이다. 노인에 대한 경제적 지원과 돌봄 등을 국가가 상당 부분 책임지고 수행하도록 하는 것은 젊은이들이 사회 활동에 전념할 수 있는 환경을 조성하는 길이며, 국가의 발전에 도움이 되는 길이다. 그리고 그 혜택은 결국 젊은 세대와 노인들뿐만 아니라 우리 사회 전체에 돌아가게 된다.

## 노인 빈곤을 국가가 책임져야 할 근거는 무엇인가?

노인은 국가의 발전에 2가지 기여를 했으며, 국가는 그 기여에 대한 보상을 해주어야 한다는 차원에서 국가가 노인 빈곤을 책임져야 한다.

첫째, 노인들이 젊었을 때 그들은 직접 수십 년간 경제 활동을 함으로써 우리 사회의 발전에 기여했다. 현재의 대한민국은 현재 노인인 사람들이 과거 젊었던 시절부터 수십 년간 열심히 사회에서 일을 하며 공헌한 덕분에 형성되었다. 지금 젊은 세대는 노인 세대가 헌신하여 이뤄낸 토대 위에서 살아가고 있는 것이다. 물론 노인들이 젊었을 때부터 국민연금 가입 등 노후 준비를 탄탄히 할 수 있어서 노후에 경제적으로 여유가 있다면 이렇게 문제가 되지는 않았을 것이다. 그러나 현재 노인들 중 상당수가 여러 가지 이유로 국민연금에 가입하지 못했고, 가입했다 하더라도 수령하는 연금액이 얼마 되지 않아 노후 생활에 어려움을 겪고 있다. 따라서 국가가 노인 세대의 과거 기여에 대한 합당한 보상을 해야 한다.

다행히 우리나라는 기초연금제도로 노인 세대에게 어느 정도는 보상을 하고 있다고 볼 수 있다. 많은 국민이 기초연금을 국가가 노인들에게 베푸는 복지 정책으로 생각하지만, 사실 기초연금은 노인들이 당연히 받아야 할 몫이라고 생각한다. 젊었을 때 경제 활동을 통해 나라의 발전에 기여했기 때문에 은퇴 후 그 보상을 받는 것은 당연한 것이다. 물론 기초연금 수급권자의 범위가 소득 하위 70%에 해당하는 노인들에게만 국한되고 있지만, 이는 기초연금의 취지가 경제적으로 어려움이 있는 노인의 복지를 증진하기 위한 것임을 감안하면 충분히 수긍할 만하다. 국민연금이 노후 보장책으로서 제 역할을 충분히 하지 못하고 있는 현실에서 우리나라의 기초연금제도는 한국 노인층의 빈곤율을 개선하는 데 상당한 기여를 하고 있다.

국가가 노인 빈곤 문제에 책임을 져야 하는 두 번째 이유는 노인들이 젊었을 때 낳아 기르고 교육해서 사회에 내보낸 그들의 자녀들이 현재 우리 사회의 주축이 되어 경제 활동을 하고 있다는 점이다. 현재 우리 사회에서 경제 활동을 하고 세금을 납부하고 있는 젊은 세대들이 존재할 수 있었던 것은 순전히 노인들이 젊었을 때 자녀들을 낳아 기르고 교육했기 때문이다. 즉, 노인들은 현재에도 성인이 된 그들의 자녀들을 통해 우리 사회에 여전히 기여를 하고 있다고 말할 수 있다. 하지만 이에 대한 보상은 사실상 전무한 상태이다. 무엇보다 우리나라의 많은 노인들이 젊었을 때 자녀를 양육하고 교육하느라 정작 자신들의 노후 준비를 제대로 할 수 없었으며 그 결과 현재 빈곤에 시달리고 있다는 점을 감안한다면, 그 기여에 대한 보상은 반드시 시행되어야 한다.

두 번째 기여에 대한 보상은 그 노인의 자녀들이 해야 한다는 것이 우리 사회의 오랜 통념이며 관행이었다. 아이를 낳아 기르는 것이 부모 자신의 행복을 위해서 한 것이지 우리 사회를 위해서 한 것은 아니지 않느냐는 논리가 이러한 통념 아래에 존재한다. 그러나 그 자녀들이 지금 현재 성인이 되어 우리 사회에서 경제 활동이나 병역의 의무 등을 수행하고 있으며, 그들이 내는 세금으로 나라가 운영되고 있다는 것은 분명한 사실이다. 국가는 분명히 그들의 존재로부터 혜택을 얻고 있다고 할 수 있다. 우리가 저출산 현상을 문제로 여기고 해결하고자 하는 이유도 바로 젊은이들의 공급이 국가 유지와 발전에 필수적이라고 보기 때문이다. 따라서 그들의 존재로 인해 혜택을 얻고 있는 국가는 그들이 존재하도록 만들어준 노인들에게 따로 보상을 해주어야 하는 것이 당연하다.

우리나라의 노인 빈곤율이 OECD 1위가 된 가장 주된 이유는 자녀 양육과 교육에 모든 것을 투자하는 한국의 독특한 문화와 관련이 있다. 우리나라 노인들이 빈곤한 이유 중에 가장 큰 이유가 바로 자녀를 낳아 기르고 교육하는 과정에 시간과 재정을 투자하느라 정작 자신들의 노후 준비를 충분히 할 수 없었기 때문이다. 하지만 그렇게 교육해서 기른 자녀들은 사회의 곳곳에서 경제 활동을 하며 대한민국을 이끌어가고 있지 않은가? 그 사실을 국가는 인정해야 한다. 물론 자녀들이 충분한 경제적 여유가 있어 자신들의 늙은 부모님을 모시고 그들을 부양할 수 있다면 참 이상적일 것이다. 하지만 한국 젊은이들의 현실을 고려해 볼 때 극소수의 특별한 경우를 제외하면 자녀에게 부모 부양의 의무를 부과하는 것은 실효성이 거의 없다.

평생 자녀를 가진 적이 없었던 노인들은 젊었을 때 자녀의 양육과 교육에 돈을 지출하지 않아도 되기 때문에 노후 준비를 하기가 상대적으로 쉬웠을 수 있다. 그들도 물론 젊었을 때 자신의 노동으로 우리 사회의 발전에 기여했기 때문에 노인이 되어서 기초연금을 받을 자격이 있다. 그러므로 그들이 지금 받고 있는 기초연금은 과거의 기여에 대한 보상이라고 할 수 있다. 반면에 자녀를 키워 사회에 내보내서 경제 활동을 할 수 있도록 만든 노인들은 그 자녀들의 존재로 인해 지금 현재도 우리 사회에 계속 기여를 하고 있다고 할 수 있다. 따라서 우리 사회가 공정하다면 그들에게 현재의 기여에 대한 보상 또한 추가적으로 해주어야 한다.

 현재의 기초연금은 자녀의 유무와 상관없이 65세 이상 소득 수준 하위 70% 이하에 속하는 모든 노인들에게 동일하게 적용된다. 보편적 복지 사회의 원칙에 따라 모든 노인들에게 동일하게 적용되는 기초연금에 반대할 생각은 없다. 그러나 모든 노인들에게 동일하게 지급되는 기초연금만 있다면, 이는 자녀를 키우느라 자신의 노후를 준비할 수 없었던 노인들에게 공정하지 못하다. 따라서 노인 빈곤 문제 해결을 떠나서 사회 정의 실현이라는 측면에서라도 성인 자녀를 둔 노인들에게 추가적인 기초연금이 지불되어야 한다. 만약 성인 자녀를 둔 노인들에게 추가적인 기초연금을 국가가 지불한다면, 이는 OECD 1위의 불명예스러운 노인 빈곤 문제를 빠른 시일 안에 해결할 수 있을 뿐만 아니라 극심한 저출산 문제도 잡을 수 있는 일석이조의 정책이 될 것이다.

 우리나라뿐만 아니라 많은 나라에서 현재 고령화와 저출산화가 진행되고 있다. 한국 정부가 자녀를 둔 노인에게 기초연금을 차등으로 지급하는 이 정책을 시행한다면 대한민국은 인류 최초로 가장 진보적이고 선진적인 노인 정책 및 저출산 정책 모델을 수립하여 시행하는 것이 된다. 선진국이란 다른 나라에서 아직 하지 않는 것을 먼저 시행하는 나라를 의미한다. 선진이란 말의 뜻이 무엇인가? 다른 나라의 정책을 따라 하면서 어떻게 선진이라는 말을 쓸 수 있는가? 앞서 나아가지 않으면서 선진국이 되는 길은 없다.

## 자녀를 둔 노인에게 추가적인 기초연금의 지급은 어떻게 저출산 문제의 해결책이 될 수 있는가?

국가가 성인 자녀를 둔 노인들에게 추가적인 기초연금을 지급한다면 노인 빈곤 문제를 해결할 수 있을 뿐만 아니라 저출산 문제의 가장 확실한 해법이 될 수 있다.

이 정책이 시행된다면 일단 수많은 성인 자녀들에게 부모 부양의 부담을 덜어주게 된다. 부모 없이 존재하게 된 젊은이들은 이 세상에 없다. 경제적 여력이 충분한 젊은이들은 부모에게 생활비나 용돈을 드리며 효도를 할 수 있다. 하지만 부모에게 매달 생활비나 용돈을 드리고 싶어도 여러 가지 사정으로 인해 그렇게 하지 못하는 젊은이들이 얼마나 많은가? 늙은 부모를 제대로 부양할 능력이 부족하다는 사실로 인해 많은 성인 자녀들이 죄책감을 느끼며 살아가는 것이 현실이다. 국가가 성인 자녀를 둔 노인에게 추가적인 기초연금을 지급한다면 경제적 여력이 충분하지 못한 젊은이들 또한 자신이 존재한다는 사실만으로도 자신의 부모님들이 국가로부터 매달 일정 금액의 연금을 추가로 더 받을 수 있게 된다. 그렇게 된다면 자신의 존재 그 자체가 효도가 되는 것이 된다.

젊은이들 또한 언젠가는 늙어서 노인이 된다. 현재 아이를 낳아 기르고 있는 젊은이들이 늙어 노인이 되었을 때 그 아이들은 성인이 되어 경제 활동을 하게 될 것이다. 그렇게 되면 국가는 또한 아이를 낳아 기르고 교육시켜 사회에 내보낸 그 노인들에게 추가적인 기초연금을 지급한다. 이처럼 노인이 되었을 때 국가로부터 자녀에 대한 추가적인 연금을 받는 것이 제도적으로 보장된다면, 지금 젊은이들에게 자녀를 낳아서 기르는 것은 자신의 노후에 대한 훌륭한 보장책의 하나로 여겨질 것이다. 더구나 자녀의 양육과 교육에 투자하느라 미처 자신의 노후를 제대로 준비하지 못한다 할지라도 걱정할 필요가 없다. 아이를 낳아 무사히 기르고 교육해서 사회의 일원이 되게만 하면 나의 노후는 국가가 어느 정도 보장한다. 이렇게 된다면 옛날 농경 시대에 가능했던 노후 보장책으로서의 자녀의 경제적 가치가 다시 회복되는 것이다. 이렇게 되었을 때 비로소 지금 당장은 힘들지라도 아이를 낳아 기르는 것은 해볼 만한 일이 된다. 아이를 낳아 기르는 것이 인생의 적자가 아니라 흑자가 되는 것이다.

현재가 어렵더라도 미래는 좋아질 것이라는 희망이 있으면 사람들은 아이를 낳아 기르는 선택을 할 수 있다. 반대로 현재가 좋다 할지라도 미래가 암울해 보인다면 아이를 낳는 선택을 하기는 어렵다. 아이는 미래를 살아갈 존재이기 때문이다. 젊은이들이 아이를 낳아 기르기만 해도 자동적으로 자신의 노후가 보장된다면 아이를 낳는 선택을 할 가능성이 훨씬 높아질 것이다. 아이를 낳아 기르는 것은 국민연금과 같은 확실한 노후 보장책이 되기 때문이다. 아이를 낳아 기르는 순간은 힘이 들겠지만 그 아이의 존재로 인해 자신의 노후가 안정된다면, 그리고 자녀의 수가 많을수록 더 많은 연금이 주어진다면, 다수의 자녀를 낳아 기르는 선택을 하게 될 가능성도 높아질 것이다.

## 가족의 회복

과거 농경 시대에 아이는 부모의 확실한 노후 보장책이었다. 자녀가 많을수록 부모의 노후는 더 탄탄히 보장되었고, 그래서 많은 자식을 가지는 것은 일반적으로 복이 많은 것으로 여겨졌다. 부모와 자녀 및 손자 손녀로 이어지는 가족 관계 또한 단단히 연결되어 있었다. 하지만 산업 사회 및 지식 사회가 되어 직업의 세분화가 극도로 이루어지고 가족 구성원들이 제각각 다른 직업을 가지게 되어 다른 장소에서 생활할 수밖에 없게 된 지금 그러한 관계가 지속되기는 어렵다. 기초연금의 차등 지급은 그 끊어진 관계를 정책으로 다시 연결하여 가족을 회복하는 길이기도 하다. 부모 부양을 제대로 하지 못해서 죄책감을 느끼며 살아가던 성인 자녀들은 자신이 존재해서 사회 활동을 하고 있다는 사실만으로도 부모에게 효도를 하는 것이 된다. 가족 구성원들의 관계가 죄책감이 아니라 자부심에 근거하여 더욱 단단하게 된다. 이는 우리나라의 전통적인 효 정신을 정책적으로 다시 되살리는 길이기도 하다.

현재 출산 가능 연령에 있는 많은 젊은이들은 성인이 되어서도 부모의 은혜에 보답하지 못한다는 죄책감뿐만 아니라, 암울한 미래에 대한 전망으로 인해 태어날 아이에 대한 미안함까지 느끼며 살아가고 있다. 그러한 죄책감과 미안함은 결국 결혼 포기, 출산 포기라는 선택으로 이어지고 있다. 이 비극의 악순환을 끊고 먼저 노인에 대한 부양 책임을 국가가 수행함으로써 자연스럽게 아이의 출산으로 이어지는 행복의 선순환을 만들어야 한다. 그렇게 된다면 대한민국의 젊은이들은 부모 부양에 대한 부담이나 자신의 노후에 대한 걱정 없이 결혼하고 아이를 낳아 자신의 가정을 꾸리기가 훨씬 쉬워질 것이다.

## 기초연금 차등 지불 정책은 인간성 회복 정책이다

만약 내가 제안하는 노인 기초연금의 추가 지급제도를 우리나라가 시행한다면, 장성한 젊은이들은 이렇게 생각할 수도 있다. '현재 내가 존재한다는 사실만으로도 나의 늙으신 부모님들이 국가로부터 매달 생활비를 받을 수 있다. 내가 부모님에게 직접 용돈을 드리지는 못하지만 내가 살아있다는 사실 자체만으로도 부모님이 경제적 혜택을 얻을 수 있다. 그 돈은 부모님이 나를 낳아 키워주지 않았다면 받을 수 없는 돈이다. 그렇다면 나의 존재는 존재한다는 그 자체만으로 의미 있는 것이 아닌가?'

살아가면서 우리는 가끔 인생에 무슨 의미가 있는지 의문을 가지기도 한다. 인간 존재의 의미가 무엇인지 한마디로 얘기할 수는 없다. 하지만 지구상에 인간이 오직 나 하나라면 나의 존재는 아무 의미가 없다는 것은 분명하다. 그럴 경우 수십 년의 시간이 지나면 나는 사라질 것이고, 내가 존재했다는 사실조차 존재하지 않게 될 것이다. 나의 존재와 내 삶에 어떤 의미가 있다면 그것은 오직 다른 사람들이 나와 함께 살고 있기 때문이다.

하지만 일반적으로 인간은 존재 자체만으로 다른 누군가에게 의미가 되지는 않는다. 누군가에게 의미 있는 존재가 되려면 그 누군가와 관계를 맺고 서로 무언가를 주거나 받아야 한다. 물질적인 것이든 정신적인 것이든 서로 무언가를 주고받을 때 관계가 형성되며, 관계가 형성되었을 때만이 나의 존재는 의미가 있게 된다. 그렇지 않는 한 나는 존재하더라도 존재로서 아무런 의미가 없다.

지금까지 사람들은 그냥 존재하는 것만으로 다른 사람에게 혜택이 되는 경우는 거의 없었다. 하지만 자녀를 둔 노인들에게 국가가 추가적인 기초연금을 지불한다면 한국의 성인 젊은이들은 자신의 존재만으로 부모에게 혜택을 주게 되는 것이 된다. 자신이 그냥 존재하는 것만으로도 자신의 삶은 의미가 있게 된다. 인간은 가축이 아니다. 쾌적한 환경만 갖추어 주면 번식을 하고 행복하게 살게 되는 그런 존재가 아니다. 사람이 아이를 낳는 것은 자신의 인생에서 그 아이가 차지하게 될 의미 때문이다. 나의 부모가 나를 낳은 것이 의미 있는 일이 되고, 내가 나의 자녀를 낳는 일이 의미 있는 일이 되고, 나의 자녀가 계속해서 자녀를 낳는 일이 의미 있는 일이 되어야 한다.

이러한 일을 국가가 정책으로 이루어낼 수 있다면 우리나라는 그야말로 인간이 중심이 되는 사회, 인간 존재가 가치를 인정받는 사회가 되지 않을까? 인간이 도구로서가 아니라 존재 그 자체만으로도 가치를 인정받을 때 비로소 그 사회는 진정으로 사람이 살만한 사회라고 불릴 수 있을 것이다.

## 발상의 전환과 과감한 결단이 필요하다

　아이를 직접 지원하거나 아이를 키우는 가정에 직접 지원하는 것이 아니라 노인에게 지원하는 정책은 얼핏 보기에 저출산 정책으로서 모순으로 여겨질 수 있다. 더 이상 아이를 낳지도 못하며 더 이상 아이를 기르지도 않는 노인에게 재정을 지출하는 것이 저출산 정책으로 효과가 있을 것인가 하는 의문을 가질 수 있다. 한국 정부는 수십 년 동안 아이나 아이의 부모에게 직접 지원하는 여러 저출산 개선 정책들을 시행해 왔다. 그러한 정책들이 나쁜 것이 아님에도 왜 효과가 없는지에 대한 성찰이 없이 저출산 문제의 해결은 불가능하다.

　아이를 낳지 않고 사는 것은 쉬운 일이다. 하지만 아이를 낳아 기른다는 것은 매우 어려운 일이다. 무엇보다 아이를 낳는 순간부터 일반적으로 20년 이상 그 아이에 대한 막대한 지출이 발생한다. 그리고 그 지출에 대한 보상은 어디에서도 되돌려받을 수 없다. 따라서 저출산 문제의 해결은 젊은이들이 아이를 낳아 기르는 매우 어려운 선택을 기꺼이 할 수 있도록 사회적 환경을 조성해야 비로소 성공할 수 있다. 아이를 낳는 것이 손해가 아니라 이익이 되어야 한다. 적어도 아이를 낳아 성인이 될 때까지 기르는 20년 이상의 기간에 지출할 수밖에 없는 비용의 일부라도 노후에 기초연금의 형식으로 돌려받을 수 있다면, 젊은이들이 아이를 낳는 선택을 보다 쉽게 할 수 있을 것이다.

　가축은 번식에 적합한 쾌적한 환경이 주어지면 많은 번식을 한다. 번식 능력이 사라진 가축은 더 이상 쓸모가 없기 때문에 버려진다. 하지만 인간은 가축이 아니다. 쾌적한 환경이 주어진다고 해서 아이를 낳을 것이라고 기대해서는 안 된다. 또한 늙어서 더 이상 경제적 생산 능력이 없다고 해서 빈곤 속에 방치해서도 안 된다. 인간이 아이를 가진다는 것은 한 생명에게 이 세상을 살아가게 하는 기회를 부여하는 일이다. 이 세상을 살아간다고 하는 것은 태어나서 자라고 사랑을 하고 가정을 이루고 여러 가지 일을 하고 늙어가면서 수많은 것을 경험한다는 것이다. 인생의 시작은 아이이며 인생의 끝은 노인이다. 그 모든 과정이 의미로 가득 차야 한다. 나이가 들어갈수록 삶의 의미는 더욱 충만해져야 한다. 오래 살수록 더 많은 공부를 하고, 더 많은 일을 하고, 더 많은 경험을 했으니, 그 삶이 더 의미 있어야 하는 것이 당연하다. 노인의 삶이 가장 풍요롭고 노인의 삶이 가장 의미 있는 인생이 되어야 한다. 모든 아이와 모든 젊은이들이 시간이 흐르면 결국 노인이 된다. 오늘 우리 주변에서 볼 수 있는 노인의 모습은 내일의 나 자신의 모습이다. 노인이 행복한 나라, 노인이 부유한 나라, 노년의 삶이 의미로 충만한 나라가 되어야 한다. 아이를 낳아 기르는 것이 내일의 나를 빈곤하고 초라하며 불행하게 만드는 원인이 된다면 어떻게 아이를 낳아 기르는 선택을 할 수 있겠는가? 아이를 낳아 기르는 선택이 오히려 내일의 나를 보다 풍요롭고 여유 있으며 의미 있는 모습으로 만드는 원인이 되어야 하지 않는가?

성인 자녀를 둔 노인에게 기초연금을 추가적으로 더 지급하는 정책은 이처럼 노인 빈곤 문제를 해결하여 노인들이 여유롭고 품격 있으며 행복한 삶을 살 수 있도록 할 뿐만 아니라, 장차 노인이 될 젊은 세대들이 희망을 갖고 인생의 의미를 추구하며 오늘을 열심히 살게 하고, 나아가서 자신의 아이를 더 많이 가지도록 유도할 수 있는 최고의 저출산 정책이 될 것이다.

## 2장
# 아이가 행복하지 않은 나라에 미래란 없다

나는 앞에서 우리나라의 심각한 저출산 문제를 해결하기 위한 정책으로 자녀를 낳아 양육하고 교육해서 성인으로 키워낸 노인들에게 기초연금을 추가로 지급하는 방안을 제시했다. 국가가 그렇게 해야 하는 근거로 다음과 같은 이유를 설명했다.

첫째, 자녀가 있는 노인들의 경우 그들의 자녀들이 현재 사회에서 각종 경제 활동을 하면서 국가에 세금을 납부하고 국가의 발전에 기여하고 있다. 즉, 자녀가 있는 노인들은 자녀가 없는 노인들과 비교해서 여전히 자신의 자녀들을 통해 사회에 기여하고 있다고 할 수 있다. 따라서 우리 사회는 그 부분에 대해 자녀가 있는 노인들에게 합당한 보상을 해주어야 한다. 이는 노인 빈곤 문제나 저출산 문제의 해결을 떠나서 사회 정의의 차원에서도 반드시 시행되어야 하는 정책이다.

둘째, 자녀를 아예 가지지 않고 인생을 산 노인들에 비해 자녀를 낳아 양육하고 교육한 노인들은 자녀의 양육과 교육에 많은 시간과 돈을 사용할 수밖에 없었으며, 그로 인해 노후 준비를 제대로 할 여력이 부족했다는 점을 우리 사회가 인정해야 하기 때문이다. 통계청이 발표한 〈2020 국민이전계정〉을 보면 26세까지 아이를 키우는 데 1명당 6억 1,583만 원(개인 3억 4,921만 원, 정부 등 공공부문 2억 6,662만 원)이 필요했다. 아이 1명을 키우는 데 들어가는 과도한 지출이 우리나라 노인 빈곤 문제의 가장 큰 원인이라는 것을 알 수 있다. 그로 인해 노후 준비를 제대로 하지 못하여 경제적 어려움을 겪고 있는 노인들에게 그 지출의 일부나마 보상을 하는 것은 국가의 당연한 의무라고 할 수 있다.

셋째, 이 땅의 젊은이들이 자신이 존재한다는 사실만으로도 국가가 자신의 부모님에게 일정 금액의 기초연금을 추가로 매달 지급하는 것을 실제로 보게 된다면, 아이를 낳아 기르는 것이 훌륭한 노후 보장책이 된다는 것을 알게 될 것이다. 따라서 비록 힘들고 어려울지라도 아이를 낳아 기르는 선택을 할 가능성이 커지게 될 것이다. 그리고 자녀가 많을수록 추가로 지급받는 금액이 늘어난다면 아이도 한 명이 아니라 여러 명을 낳아 기르게 될 가능성 또한 상당히 높아지게 될 것이다.

이처럼 성인 자녀를 가진 노인들에게 기초연금을 추가로 지급하는 정책은 사회 정의의 실현, 노인 빈곤 문제의 해결, 저출산 문제의 해결 등을 동시에 가능하게 할 수 있다. 나아가서 우리 민족의 효 문화를 되살리고 인간이 소중한 사회를 만드는 데도 도움이 될 것이다.

## 저출산 문제를 해결하기 위해 반드시 행해져야 하는 초등학교 이하 교육과정 혁신

이제부터 나는 우리나라 저출산 문제를 해결하기 위해서는 초등학교 이하 어린이를 행복하게 만드는 것이 필수적임을 설명하려고 한다.

우리나라를 어린이들이 행복할 수 있는 사회로 만들기 위해서는 초등학교 이하의 교육과정에 대한 근본적인 혁신이 필요하다. 그리고 그 혁신의 방향은 초등학교 이하 모든 교육과정을 놀이가 중심이 되는 과정으로 변화시키는 것이다. 그래서 나는 이 책에서 초등학교 이하의 모든 교육기관을 놀이가 중심이 되도록 개혁할 것을 제안한다. 어린이집과 유치원은 지식 교육은 배제하고 그야말로 아이들이 모여 즐겁게 노는 장소가 되어야 한다. 초등학교 또한 수업 시수의 50% 이상은 놀이 과정으로 채워진 놀이학교로 바뀌어야 한다. 어린이들에게 학교는 공부하기 위해서보다는 놀기 위해 가는 곳이 되어야 한다.

### 왜 어린이를 행복하게 해야 하는가?

어린 시절을 행복하게 보내고 성인이 된 사람들은 자신의 아이를 낳아 그 아이들에게 역시 행복한 어린 시절을 경험하게 하고 싶어 한다. 하지만 어린 시절을 행복하게 보내지 못하고 성인이 된 사람들은 굳이 아이를 낳아 그 아이들에게 역시 행복하지 못한 어린 시절을 경험하게 하고 싶지 않을 것이다. 지금 우리나라 젊은이들이 아이를 낳지 않기로 선택하는 이유는 자신들의 어린 시절이 별로 행복하지 않았을 뿐만 아니라, 현재 우리나라 환경에서는 아이를 낳아도 그 아이들이 행복하게 살아갈 수 있을 것이라고 생각하지 않기 때문이다. 따라서 저출산 문제의 해결은 어린이들이 행복할 수 있는 환경을 조성할 수 있느냐 없느냐에 달려있다. 자신의 아이가 행복하게 살고 있지 않다는 것을 알면서 행복할 수 있는 부모는 없다. 어린이가 행복하다면 그 어린이의 부모도 행복해진다. 아이를 가진 부모들이 행복해진다면 아이가 없는 성인들도 아이를 가지고 싶어지게 될 것이다. 우리나라가 어린이들이 행복할 수 있는 사회가 된다면 저출산 문제는 저절로 해결된다.

 나는 어린이들을 진정으로 행복하게 만드는 것이 저출산 문제의 해결을 위해 필수적으로 행해져야 할 과제라고 생각한다. 앞에서 말한 것처럼 젊은 성인들이 아이를 낳지 않는 선택을 하는 가장 큰 이유는 자신들의 어린 시절이 별로 행복하지 않았다고 생각하기 때문이며, 또한 현재 우리나라 환경에서는 아이를 낳아도 행복하게 키울 수 없다고 판단하기 때문이다. 낳아서 행복하게 키울 수 없는데 아이를 낳는 것은 부모 자신을 위한 이기적인 행동은 될 수 있지만, 결코 아이를 위한 행동은 될 수 없다. 행복하게 키우지 못할 걸 알면서 아이를 낳는 것은 죄악이라고 생각하는 젊은이들도 있다. 이러한 생각은 매우 합리적이고 올바른 생각이라고 할 수 있다. 아이를 출산한 후에 의식주를 포함한 기본적인 보호, 치료, 교육 등을 방임하거나 심지어 아동 유기, 학대 혹은 살해에 대한 뉴스가 나올 때마다 무책임한 출산 행위에 대한 사회적 비난이 쏟아지는 것을 생각해 보라. 아이를 낳아 행복하게 키울 수 없다면 아이를 낳지 않는 것이 절대적으로 올바른 선택이다. 현재 우리나라의 심각한 저출산 현상의 원인은 우리나라가 어린이가 행복하기 힘든 나라라고 젊은 세대들이 생각하기 때문이라는 점을 인식해야 한다. 우리나라를 아이들이 행복하게 살 수 있는 나라로 변화시키지 못한다면, 아이를 낳아 기르고자 하는 사람들의 수는 결코 증가하지 않을 것이며, 우리나라 저출산 문제의 해결은 절대 불가능하다. 따라서 그에 대한 해결책은 당연히 한국 사회를 어린이가 행복할 수 있는 사회로 변화시켜, 젊은이들이 아이를 낳으면 그 아이들이 행복한 어린 시절을 보낼 수 있을 것이라는 믿음을 가지게 할 수 있느냐에 달려있다.

## 왜 초등학교 이하인가?

'아무것도 몰랐던 어린 시절이 인생에서 가장 행복했다'라고 말할 때, 그 어린 시절은 초등학교 이하의 연령대라고 할 수 있다. 중학교 시절은 아무것도 모르는 어린 시절은 아니기 때문이다. 초등학교 6학년의 평균 나이는 12세다. 우리나라에서는 초등학교 6학년까지의 아동을 어린이라고 부른다. 노인이 인생의 마지막 기간을 살고 있는 사람을 부르는 말인 반면에 어린이는 인생의 시작 기간을 살고 있는 사람을 부르는 말이다. 부모의 입장에서 아이를 낳아 양육하고 키운다는 개념은 주로 어린이 시기에 집중되는 개념이다. 왜냐하면 어린이는 전적으로 부모에게 의지하고 부모의 보호 아래에서 부모의 보살핌을 필요로 하는 시기이기 때문이다.

자녀를 둔 노인들에게 기초연금을 추가로 지급하여 노인들을 행복하게 하고, 초등학교 이하 교육과정을 혁신하여 어린이들을 행복하게 하는 것은 인생의 시작 시기와 인생의 마지막 시기를 행복하게 하는 것이다. 인생의 시작과 끝은 행복해야 한다. 무엇이든 처음과 끝이 좋다면 그 과정에 우여곡절이 있다 하더라도 다 좋은 것이 된다. 마찬가지로 인생의 처음과 끝이 행복할 수 있다면 그 중간이 아무리 힘들었다 하더라도 살만한 인생이었다고 할 수 있는 것이다.

본격적으로 사춘기가 시작되는 중학교 시기부터는 청소년기라 불린다. 청소년기의 가장 두드러진 특징은 신체적으로 성인에 못지않은 성장을 이루며, 정신적으로는 부모의 영향으로부터 독립하여 자아 정체성을 형성하려는 강력한 성향을 띠게 된다는 점이다. 사춘기가 되면 아이들은 부모의 말을 잘 듣지 않기 시작하는데 이는 아이 안에 자기만의 생각이 싹트고 있다는 방증이다. 우리나라의 부모들은 자기 자녀의 몸이 성장하는 건 뿌듯하게 여기면서 자녀의 마음이 자라는 건 쉽게 받아들이지 못하는 경향이 있다. 하지만 정도의 차이는 있지만 자녀가 청소년기가 되면 부모들은 차츰 자녀의 독립성과 자율성을 인정하고 어린이 시기와는 다른 자세로 대하게 된다.

그렇다면 중학생부터는 행복하지 않아도 된다는 말인가? 물론 그렇지 않다. 다만 중학생의 행복과 초등학생의 행복은 본질이 다르다. 중학생부터는 인생의 목표를 탐색하고 자아 정체성을 형성하며 자아실현을 위해서 본격적으로 공부를 시작할 때이다. 어린이 시절을 행복하게 보낸 청소년들은 스스로 자신의 행복을 찾아 정진할 수 있게 된다.

청소년기를 질풍노도의 시기라고 하는데, 이는 어른들의 관점에서 그들을 이해하지 못하고 바라보았을 때 생각할 수 있는 정의이다. 자신만의 독립된 생각과 신체적 에너지로 가득 찬 청소년들을 어린이들에게 하듯이 제어하거나 통제하고자 한다면 질풍노도의 움직임은 피할 수 없는 현상이 된다. 청소년기는 질풍노도의 에너지를 가지고 치열하게 인생을 시작해야 할 때이다. 초등학교 때까지 마음껏 놀고 중학생이 되면 그때부터 본격적으로 자아실현을 위해 질풍노도의 에너지를 가지고 공부를 비롯해서 각자의 분야에서 실력을 쌓기 시작해야 한다. 청소년들의 행복은 어린이들처럼 아무것도 모르고 마음껏 노는 데 있는 것이 아니라 자아실현을 위한 노력과 성취의 과정 속에 있다. 그러기 위해서는 초등학교를 마칠 때까지 원 없이 놀 수 있어야 한다. 초등학교 때 초등학생으로서의 행복을 누려야만, 중고등학생이 되었을 때 그에 맞는 행복을 누릴 수 있게 된다. 초등학교 때 마음껏 놀지 못한 아이들은 중학생이 되어도 여전히 어린이의 욕구에서 벗어나지 못하고 불만과 불행 속에 남아있게 된다.

## 우리나라 아이들은 얼마나 행복한가?

인터넷에 '아동 행복지수'를 검색해 보라. 대한민국 아동들의 삶의 만족도가 지극히 낮으며 OECD 회원국들 중 행복지수가 가장 낮다는 자료나 기사들을 무수히 접하게 될 것이다. 우리나라 아동들이 행복하지 않다는 통계는 벌써 수십 년째 이어지고 있다.

국제 구호개발 비정부기구(NGO)인 세이브더칠드런은 2021년 〈지표를 통해 본 한국 아동의 삶의 질과 행복〉 포럼 자료집에서 "국제아동 삶의 질 조사(ISCWeB)에 참여한 핀란드, 프랑스, 독일 등 35개국의 만 10세 아동 행복도를 비교한 결과 우리나라는 31위였다"라고 밝혔다. (출처: 세이브더칠드런 홈페이지)

2021년 12월 한국방정환재단에서 연세대학교에 의뢰하여 실시한 〈한국 어린이·청소년 행복지수: 국제비교연구 조사결과 보고서〉에 따르면 한국 어린이의 행복지수는 OECD 22개국 중 최하위로 나타났다.

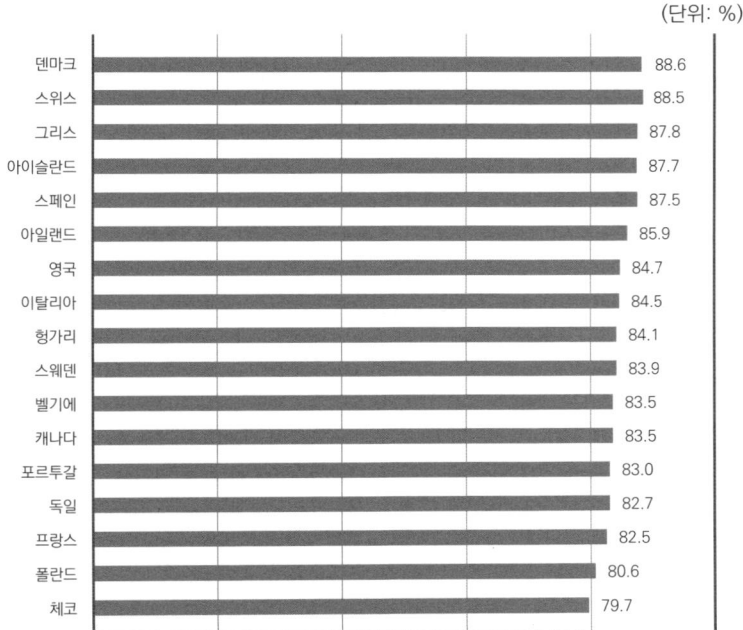

|  | 평균 | 표준편차 | 최상위 | 한국 | 최하위 |
|---|---|---|---|---|---|
| 삶의 만족 | 84.9 | 4.2 | 97.4 | 71.5 | 71.5 |

2019, 제11차 〈어린이·청소년 행복지수: 국제비교연구〉, 연세대 사회발전연구소

이 연구 결과에서 특히 주목할 점은 행복을 위해 가장 필요한 것으로 '친구, 가족, 건강, 자유' 등 관계적 가치를 꼽은 아동들의 행복지수가 높게 나왔으며, 반면 '돈, 성적 향상, 자격증' 등 물질적 가치를 꼽은 아동들의 행복지수가 낮게 나왔다는 점이다.

초록우산 어린이재단은 초중고 학령기 아동을 대상으로 우리나라 아동이 더 행복하게 살아가기에 '적정하고 균형적인 일상'이 어떤 모습인지 밝히고 이를 통해 아동들이 살아가는 현재를 진단하여 매년 아동 행복지수를 발표한다. 초록우산 어린이재단이 발표한 〈2023 아동 행복지수〉에 따르면 우리나라 아동들의 2023년 행복지수는 4점 만점에 1.66점이며, 전체 아동의 87%가 행복하지 않은 것으로 나타났다. 우리나라 아동 10명 중 약 9명은 행복하지 않은 어린 시절을 보내고 있는 것이다.

〈3개년 아동 행복지수 추이〉

단위(점)

| 2021년 | 2022년 | 2023년 |
|---|---|---|
| 1.68 | 1.70 | 1.66 |

아동 행복지수 산출기준표(행복지수는 총 4점 만점), 초록우산 어린이재단

특히, 같은 재단에서 발표한 〈2022년 아동 행복지수〉 연구에는 경제적 수준에 따른 아동 행복지수도 포함되어 있는데, 그 결과에 따르면 고소득 계층의 아동들의 행복지수가 저소득이나 중소득 계층의 아동들과 별 차이가 없거나 오히려 더 낮은 것으로 나타났다.

〈3개년 소득계층 지위에 따른 아동 행복지수 기술 통계〉

| 평균(표준편차) | 전체 | | | 아동 행복지수(= 아동 일상균형 충족 영역 수) | | | | | | | | |
|---|---|---|---|---|---|---|---|---|---|---|---|---|
| | | | | 2017 | | | 2020 | | | 2021 | | |
| 빈도 | 저소득 | 중소득 | 고소득 | 저 | 중 | 고 | 저 | 중 | 고 | 저 | 중 | 고 |
| 행복지수 | 1.70 | 1.70 | 1.67 | 1.86 | 1.89 | 1.89 | 1.67 | 1.68 | 1.67 | 1.72 | 1.69 | 1.62 |

초록우산 어린이재단

어떻게 해야 아이들을 행복하게 할 수 있을까? 사람들은 경제적 여유가 있으면 아이를 행복하게 키울 수 있을 것이라고 생각한다. 자기 아이를 방임하거나 학대, 유기 혹은 살해하는 뉴스에서 드러나는 동기의 상당 부분이 경제적 궁핍에 있기 때문이다. 하지만 아동 행복에 대한 여러 연구들은 고소득 계층의 아동들도 행복하지 못하다는 것을 보여주고 있다. 고소득 계층에 속하는 아동들이 저소득 계층의 아동들에 비해 행복하지 못하다면 아무리 경제적 지원을 많이 하더라도 우리나라 아동들이 더 행복해지지는 않을 것이다. 이러한 연구 결과들은 저출산 문제를 극복하기 위해서 경제적 지원에 집중한 그동안의 정부 정책들이 왜 아무런 성과를 거두지 못하고 실패로 끝날 수밖에 없었는지에 대한 단서를 제공한다.

## 아이들은 행복 덩어리다

　주말에 공원에 나가서 아이들이 뛰어노는 모습을 보라. 아이들은 행복 덩어리다. 아이들은 존재 자체가 행복으로 가득 차있다. 아이는 행복을 타고난다. 마치 꽃이 향기를 타고 나듯이. 행복은 아이의 본성이다. 행복 에너지가 매 순간 새롭게 쏟아져 나온다. 웬만하면 아이들은 불행해질 수 없다. 아이의 행복을 보면 마치 이 세상에 태어난 것만으로도 너무나 기쁘다는 것을 표현하는 것 같다. 아이의 행복을 보면 한 생명으로서 탄생 자체가 축복임을 증명하는 듯하다. 아이라는 존재는 언제 어디서나 행복할 수 있는 존재이다. 비눗방울 하나만 있어도 행복하고, 물웅덩이 하나만 있어도 행복하고, 나비 한 마리만 있어도 행복할 수 있는 존재다. 아이들은 행복을 탐지하는 레이더를 가지고 있어 이 세상 모든 곳에서 행복을 발견한다. 아이들은 행복을 발견하고 즐거워할 뿐만 아니라 그 행복을 온몸으로 발산한다. 꽃이 향기를 발산하듯이 아이들은 행복을 발산하고 있다. 꽃밭에 있으면 꽃향기가 몸에 배어들듯이 아이들의 곁에 있기만 하여도 어른들은 저절로 행복에 젖어 든다. 아이들의 웃음소리보다 더 즐거운 소리는 없다. 행복이 가득한 아이를 자녀로 둔 부모는 삶의 어디에서도 얻을 수 없는 행복을 아이로부터 얻는다.

　나이 많은 어른들에게 자신의 인생에서 가장 행복했던 시절은 언제인가 물으면 흔히 어린 시절이었다고 대답한다. 아직 인생의 어려움을 모르고 천진난만했던 어린 시절이 가장 행복했을 것은 당연하다. 왜 어린 시절이 가장 행복했는지 물으면 그들은 대답한다. 책임져야 할 의무도 없었고, 해결해야 할 문제도 없었고, 미래에 대한 걱정도 없었으니까. 세상에 대한 호기심과 궁금함으로 가득 차있었으니까. 작은 장난감 하나나 함께 놀 친구들만 있으면 필요한 모든 것이 갖추어졌으니까. 아무런 조건도 없어 부모들과 가족들로부터 더없는 사랑과 관심을 받았으니까. 하지만 요즘 젊은 성인들은 행복한 어린 시절에 대한 기억이 별로 없는 것 같다.

## 대한민국은 거대한 아동학대 국가다

언젠가부터 한국 사회에서 아이는 더 이상 행복한 존재가 아니게 되었다. 아무런 그늘도 없이 마냥 행복하게 살아가는 아이는 더 이상 찾아보기 힘들다. 행복할 수 있는 내재적 능력이 다른 연령대와는 비교가 되지 않을 정도로 풍부한 아이들마저 불행해질 정도이니 대한민국 사회는 도대체 어떤 사회인가? 아이를 불행하게 만드는 것은 아동학대가 아닌가? 대부분의 어린이들은 매일 어른들이 직장에서 보내는 시간보다 더 많은 시간을 학교와 학원을 전전하며 보내고 있다. 대한민국은 거대한 아동학대 국가이다. 어린이들을 상대로 하는 수많은 학원 사업은 아동학대 사업이다. 대한민국 부모들은 거의 대부분 아동학대범이라고 해도 과언이 아닐 것이다.

아이를 행복하게 만드는 것은 어른들의 책임이다. 아이를 행복하게 만들어줄 자신이 없다면 아이를 낳지 말아야 한다. 한국의 젊은이들이 아이를 낳지 않는 것은 자신의 인생을 자유롭게 즐기기 위한 이기적인 사고 때문만은 아니다. 자신이 낳은 아이를 이 땅에서 행복하게 해줄 자신이 없기 때문이다. 이 슬픈 사실을 국가는 인정해야 한다.

우리나라에서 아이들은 대부분 생후 1년만 지나면 부모의 품을 떠나 하루의 많은 시간을 보육 시설에서 보낸다. 아주 어렸을 때부터 자신의 존재만으로도 무한한 애정을 보여주는 부모가 아니라 원하지 않는 장소에서 냉담하고 낯선 사람들에 둘러싸여 그들의 말을 따라야 하고 그들의 눈치를 살피며 보내야 한다. 하루의 많은 시간을 부모와 헤어져서 타인과 보내야 하며, 왜 해야 하는지 알 수 없는 수많은 과제들을 수행해야 한다. 초등학교에 들어가는 순간부터 한국의 아이들은 어른 못지않은 바쁜 스케줄을 소화해야 한다. 한국 사회에서 아이들은 어렸을 때부터 행복을 잃어버리고 있다. 마치 채 피지도 못한 꽃이 향기를 잃어버리는 것처럼.

어린이들이 행복하면 그 어린이들의 부모들도 행복해진다. 그러나 우리 사회는 어린 자녀를 둔 부모들이 자녀들로 인해 행복하다는 말을 듣기가 참 힘든 사회가 되었다. 오히려 자녀를 둔 부모들은 대부분 힘들다고 하소연만 한다. 아이를 낳아 양육하고 교육하는 일은 결코 쉬운 일이 아니다. 힘든 것이 당연하다. 하지만 그 자녀들이 매 순간 행복으로 가득 차있다면 부모들은 얼마든지 그 힘듦을 감수할 수 있다. 아이들의 행복이 부모들의 희생과 수고에 대한 가장 큰 보상이 되기 때문이다. 하지만 아이들이 행복하지 않다면 부모들의 희생과 수고에 대한 보상은 어디에서 찾을 수 있는가?

아이 스스로 행복한 존재가 아니게 됨에 따라 아이가 발산하던 행복도 줄어들고, 아이로 인해 부모가 얻게 되는 행복의 양도 급감한다. 이제 아이는 더 이상 행복의 원천이 아니라 불행의 씨앗이 되고 있다. 아이는 행복의 샘물이 아니라 부모의 돈과 시간과 자유를 뺏어 가는 인생의 족쇄가 되고 있다. 점점 더 많은 한국의 젊은 성인들이 아이를 가지지 않는 삶을 선택하고 있다. 모든 부모는 자신의 자녀가 한없이 행복하기를 원한다. 행복하지 않은 아이를 가지고 싶어 하는 부모는 없다. 한국의 아이들이 더 이상 행복하지 않고, 부모가 되는 것이 더 이상 행복하지 않다면, 한국의 젊은이들이 어떻게 아이를 가지기를 기대할 수 있겠는가? 행복하지 않은 아이를 가진 부모가 되니 아이가 없는 인생을 선택하는 것이 당연한 현상이 아닐까?

## 왜 한국의 어린이들은 행복하지 않은가?

아이가 행복하지 않으면 아이의 부모 또한 행복할 수 없다. 아이가 행복하지 않으면 부모는 아이를 낳았다는 것 자체를 후회할 수밖에 없다. 아이를 낳은 자신의 선택이 옳은 선택이 되기 위해서라도 아이는 행복해야 한다. 그래서 대부분의 부모들은 일단 아이를 낳고 나면 아이의 행복을 위해서 할 수 있는 모든 일을 한다. 하지만 대부분의 부모들은 자신 또한 아이였던 시절이 있었음에도 불구하고 이상하게 어떻게 해야 아이가 행복하게 되는지를 잘 모르는 것 같다. 아이를 행복하게 하고자 하는 부모의 노력들이 오히려 아이를 불행하게 만들기도 한다.

한국의 아이들이 행복하지 못한 이유를 파악하기 위해서 수많은 전문가들이 연구를 했으며 아직도 하고 있다. 하지만 그들이 연구 결과 내놓은 답은 한국 사람들이라면 누구나 이미 알고 있는 것들이다. 성적을 중시하는 교육제도, 과도한 경쟁 압력, 높은 학업 성취도의 요구, 자녀에 대한 부모의 지나친 기대와 그로 인한 취학 전 선행교육과 취학 후에도 끝없이 이어지는 사교육. 전문가가 아니더라도 한국인이라면 누구나 알고 있는 이러한 요인들이 한국 아이들에게 감당하기 힘든 스트레스와 불안감을 유발하고 정서적 안정성을 해치고 있다. 여기다 최근에 추가된 것이라면 한국이 자랑하는 최첨단 통신 강국의 결과로 야기된 과도한 디지털 중독과 그로 인한 사회적 고립도 주요 원인이 되고 있다.

우리 아이들의 행복을 앗아간 이러한 요인들은 왜 존재하게 되었는가? 대부분의 한국인들은 우리나라의 특성상 아이들에게 요구되는 과도한 학업 경쟁은 어쩔 수 없는 현상이라고 믿고 있는 듯하다. 천연자원이 부족한 한국이 고도의 경제 발전을 이루고 성장할 수 있었던 원동력은 교육이었다. 한국은 세계에서 가장 고등교육 출신 비율이 높은 나라이다. 고등교육 졸업자들의 수준 높은 기술력과 노동력이 기업들의 경쟁력을 높이고 국가 경제 발전에 기여하고 있다. 따라서 인적자원의 개발과 교육에 대한 투자는 우리나라 경제의 지속적인 발전을 위해서 가장 중요한 과제이다.

국가 경제를 떠나서 한 가정이나 국민 개개인의 삶을 결정짓는 가장 핵심적인 요소도 또한 교육 수준이다. 교육 수준이 낮은 개인은 좋은 일자리를 구할 수 없으며 경제적으로 여유 있는 삶을 살기가 매우 어려운 곳이 한국 사회다. 이러한 사회에서 자기 자녀의 행복한 어린 시절을 보장하기 위해서 공부를 시키지 않기란 지극히 어려운 일이다. 설령 어떤 부모가 자신의 어린 자녀만큼은 행복하게 하기 위해서 공부를 시키지 않기로 결심한다 할지라도, 그 아이가 마음 놓고 행복하게 뛰어놀 수 있는 장소도 없으며, 함께 놀 친구도 없다는 현실을 직면하게 되면 좌절하지 않을 수 없을 것이다. 이러한 현실로 인해 한국의 아이들에게 요구되는 학업에 대한 압박은 어쩔 수 없다고 대다수의 한국인들은 믿고 있다. 그리고 그 압박은 아이들의 행복을 뺏어 가는 가장 큰 요인이 되고 있다.

## 한국에서 아이들을 위한 최선의 선택은 아예 태어나지 않게 하는 것

나는 당신에게 묻고 싶다.

만약 당신이 아주 어렸을 때부터 초등학교 시절 내내 각종 학원을 전전하느라 마음껏 놀지도 못하고, 중고등학생이 되어서도 치열한 학업 경쟁에 시달리고, 대학생이 되어서도 취업에 대한 스트레스에 짓눌리며, 다행히 취업을 한 후에도 뒤처지지 않기 위해서 끝없이 공부해야 하며, 어른이 되어서도 경제적 이유로 결혼도 하지 못하고, 다행히 결혼을 하더라도 아이를 낳아 기를 경제적 여유도 부족하고, 아이를 낳았다 하더라도 아이 양육과 교육에 매진하느라 인생을 제대로 즐기기는커녕 노후 준비도 제대로 못 하고, 그렇게 평생을 성실히 공부하고 일을 하며 돈을 벌었지만 막상 늙고 나니 극심한 빈곤에 시달리고, 늘어난 기대수명으로 인해 은퇴 후에도 30년 이상을 더 살아야 하는 그런 삶을 살게 된다면 그래도 이 세상에 태어난 것이 좋은 것일까? 아니면 아예 태어나지 않는 것이 좋은 것일까?

당신은 이미 태어났기 때문에 어쨌든 계속 살아가고 있지만 아직 태어나지 않는 당신의 아이를 위해서 대신 선택해 주어야 한다면 당신은 무엇을 선택해 줄 것인가? 아마 상당수의 젊은 성인들이 자신의 자녀들이 저런 삶을 살게 된다면 아예 태어나지 않는 것이 더 좋다고 생각할 것이다. 아이를 낳아도 그 아이가 행복하게 살 수 없을 것이라고 생각한다면 어떻게 아이를 낳을 수 있겠는가? 우리나라의 특성상 개개의 부모가 아무리 노력하더라도 사회 구조 자체가 아이들이 행복하게 자랄 수 없게 되어 있다. 그 결과 21세기 우리나라에서 아이가 없는 삶을 선택하고 있는 젊은이들이 갈수록 늘어나고 있다.

## 어떻게 어린이들을 행복하게 할 것인가?

십 년 넘게 우리나라 아동들의 행복지수가 OECD 꼴찌에서 벗어나지 못하고 있다는 통계가 발표되어도 우리나라의 성인들은 별로 심각하게 받아들이지 않는 것 같다. 우리나라의 젊은 성인들이 현재 행복한 삶을 살지 못하고 있기 때문에 자기 자녀들의 행복에 신경 쓸 여유조차 없단 말인가? 자신들이 이미 행복하지 못한 어린 시절을 보냈기 때문에 자녀들이 행복하지 못한 어린 시절을 보내고 있다는 사실에 무감각한 것인가? 한국이라는 특이한 나라에서 아동들이 행복하기란 불가능하다고 결론 내린 것인가? 아니면 이 나라의 어른들은 어떻게 해야 아동들이 행복하게 되는지 전혀 알지 못하는가?

사실 어린이들을 행복하게 하는 것은 너무나 쉬운 일이다. 어린이들이 행복하기 위해서 많은 것이 필요하다고 생각한다면 그것은 어른들의 착각이다. 어린이들을 행복하게 하기 위해서는 두 가지만 제대로 해주면 된다.

첫째는 어린이들을 불행하게 만드는 요인들을 찾아 제거하는 것이다. 아이들은 본질적으로 즐거움으로 가득 찬 존재들이다. 그들을 행복하게 하기 위해 무언가를 제공해 줄 필요도 없다. 어린이들은 스스로 행복을 찾아내는 데 천재들이다. 따라서 그들을 불행하게 만드는 것들을 찾아서 제거만 해주면 어린이들은 저절로 행복해질 수 있다.

둘째는 어린이들이 마음껏 놀 수 있게 환경을 조성하는 것이다. 어린이라는 존재는 끊임없이 놀이를 추구하고 재미를 추구하는 존재들이다. 아무런 걱정 없이 마음껏 신나게 노는 것이 그들이 바라는 것이다. 그들이 바라는 것을 들어주기만 하면 어린이들은 한없이 행복해진다. 즉, 어린이들은 마음껏 놀 수만 있으면 무한정 행복해진다. 한국 어린이들의 행복지수가 OECD 회원국 중에서 가장 낮은 것은 그들을 불행하게 만드는 요인들은 가장 많고, 그들을 마음껏 놀도록 할 수 있는 환경은 가장 열악하기 때문이다.

따라서 한국 어린이들을 행복하게 하기 위해서는 그들을 불행하게 만드는 요인들을 제거해 주고, 그들이 마음껏 놀 수 있는 환경을 조성해 주면 된다.

## 어린이들의 공부는 정말로 필요한가?

어린이들에 대한 교육은 유아교육과 초등교육으로 정의할 수 있다.

유아는 태어나서 초등학교 취학 전까지의 어린이를 말한다. 유아기가 인간의 발달단계 중 지적·정서적·신체적인 모든 분야의 형성에 가장 중요한 시기라는 학설이 일반화됨에 따라 유아교육에 대한 관심이 고조되어 근래에 와서는 국가정책으로 이를 뒷받침하고 있으며, 대부분의 유아들이 어떤 형태로든 형식적인 교육을 받고 있다. 1997년 12월 13일 법률 제5437호 제35조에는 유치원의 목적이 다음과 같이 제시되어 있다. "유치원은 유아를 교육하고 유아기에 알맞은 교육환경을 제공하여 심신의 조화로운 발달을 조장하는 것을 목적으로 한다." 이와 같은 목적을 실현하기 위해 다음을 규정하고 있다.

① 건강하고 안전하고 즐거운 생활을 하기에 필요한 일상의 습관을

기르고, 신체의 모든 기능의 조화적 발전을 도모한다.
② 집단생활을 경험시켜 즐겁게 이에 참가하는 태도를 기르며, 협동과 자율의 정신을 싹트게 한다.
③ 신변의 사회생활과 환경에 대한 바른 이해와 태도를 싹트게 한다.
④ 말을 바르게 쓰도록 인도하고, 동화, 그림책 등에 대한 흥미를 기른다.
⑤ 음악, 유희, 회화, 수기, 기타 방법에 의하여 창작적 표현에 대한 흥미를 기른다.

그리고 초등교육의 목적은 어떠한 장래 진로를 위한 준비교육이거나 전문적·기술적 교육이 아니다. 중등교육 이상에서는 각기 그 목적의 특이성이 있으나 초등교육은 공통된 기초에 목표를 두고 교육하게 된다. 초등교육은 민주국가 국민으로서 누구나 받아야 할 기초교육이며, 인간의 성장 계열에서 반드시 이수하여야 하는 의무교육인 것이다.

한국의 「초·중등교육법」에서는 이를 "초등학교는 국민생활에 필요한 기초적인 초등교육을 하는 것을 목적으로 한다"(제38조)라고 규정하여 그 교육의 목적을 명시하였다. 따라서 초등교육은 어떠한 편중교육이나 준비교육이 아니라 아동의 원만한 전인성장을 위하여 신체적·정신적·사회적·정서적 또 지적으로 균형된 성장·발달을 기할 수 있는 기초교육이라야 하며 그 내용은 아래와 같다.

① 아동의 학습에 필요한 능력을 사용하거나 또는 그 기능을 발전시켜 나갈 수 있는 내용으로 말하기·듣기·읽기·쓰기를 비롯하여 가르치는 능력, 계산 능력, 문제를 분석하는 능력, 추리능력, 물건

을 만드는 능력 등을 길러주는 내용
② 집단생활에서 일어나는 여러 가지 문제를 해결할 수 있는 능력을 길러주는 내용
③ 아동으로 하여금 인간생활의 물질적·자연적 환경에 관한 이해를 깊이 할 수 있는 내용
④ 아동이 창조적 표현을 할 수 있는 내용
⑤ 아동의 건강생활에 관한 내용

유아교육과 초등교육은 인간의 일생의 기초가 되기 때문에 무엇보다 중요하다고 할 수 있다. 그러나 교육법에서 규정한 유아교육과 초등교육의 목적을 보면 왜 이러한 목적을 달성하기 위한 교육이 어린이들을 불행하게 만드는지 이해하기 힘들다. 목적에 충실한 교육을 하면서도 얼마든지 어린이들을 행복하게 할 수 있을 것이다.

## 어린이에 대한 장래 준비교육을 폐지하라

문제는 한국의 대부분의 부모들이 명시되어 있는 유아교육과 초등교육의 목적을 넘어 장래를 위한 준비교육이나 전문적·기술적 교육을 어린이들을 대상으로 광범위하게 실시하고 있다는 데 있다. 그리고 그러한 현상을 우리 사회 전체가 당연하다고 여기고 있으며, 오히려 부추기고 있기 때문이다. 우리나라에서 갈수록 보편화되어 가고 있는 유아 영어교육, 유아 수학교육, 초등학생들을 대상으로 하는 온갖 영어학원, 수학학원, 논술학원 등은 장래를 위한 준비교육이지 결코 전인

적 성장을 위한 교육이 아니다. 또한 어린이들에 대한 사교육의 수준이 높아질수록 공교육인 초등학교 교육과정에서 가르치는 교과 내용의 난이도도 덩달아 높아지는 악순환이 일어나고 있다.

어린이들을 대상으로 미래를 위한 준비교육과 전문적·기술적 교육을 하는 것은 어린이들의 행복을 앗아 갈 뿐만 아니라, 나아가서 초등교육의 원래 목적을 달성하는 것도 어렵게 만든다. 그래서 초등학교를 졸업한 다수의 청소년들이 신체적·정신적·사회적·정서적 또 지적으로 균형된 성장·발달을 이루지 못한 상태로 중등교육을 시작하고 있으며, 그 결과 점점 더 과격해지고 빈번해지는 학교폭력, 청소년 자살 등 숱한 문제들을 낳고 있다.

## 학생들의 학습 능력을 영구적으로 파괴하는 초등교육

무엇보다 가장 큰 문제는 초등학교 단계에서 행해지는 지나친 준비교육의 결과 중학교가 되었을 때 이미 상당수의 학생들이 공부에 흥미를 잃게 된다는 점이다. 초등학교 이하에서 지나친 준비교육은 대부분 일반적인 아이들의 학습 능력을 초과하게 된다. 충분한 학습 능력이 갖춰지지 않은 상태에서의 과도한 지식 교육은 아이들 스스로 자신을 공부 못하는 아이라는 의식을 가지게 함으로써 부정적인 자아 정체성을 형성하게 하며, 공부에 대한 흥미와 자신감을 잃게 한다. 아이들의 학습 능력을 초과하는 공부를 하게 하면 아이들은 스스로 '난 공부를 못하나 보다'라며 자괴감을 느끼게 된다. 사람들은 누구나 잘하는 것을 더 하고 싶어 하고 못하는 것은 하기 싫어한다. 일단 아이가 스스로 자신이 공부를 잘 못하는 사람이라는 생각을 하게 되면 공부를 더욱 하기 싫어하게 된다.

우리나라의 거의 모든 학생들은 초등학교를 다니는 동안에 이미 자신이 공부를 잘하는지 못하는지에 대한 의식을 형성하게 된다. 너무 어린 나이에 이러한 의식이 형성되는 것은 심각한 문제가 아닐 수 없다. 본격적으로 제대로 된 공부를 시작도 하지 않은 나이에 벌써 자신이 공부를 잘하는지 못하는지에 대한 개념이 형성되는 것이다. 중학교에 들어가면 다행히 공부를 잘한다고 생각하는 소수의 아이들은 더욱 공부에 열중하고 학교생활에 충실할 수 있지만, 공부를 잘하지 못한다고 생각하는 다수의 아이들은 공부에 흥미를 잃게 된다. 많은 중학생들이 이미 공부라고 하는 것을 포기한 상태로 학교를 다니고 있다. 고등학생이 되면 그 수는 훨씬 늘어난다. 심지어 고등학교 3학년이 되어도 중학교 3학년 학생보다 실력이 더 부족한 학생들도 많은 것이 현실이다. 스스로 공부를 못한다는 인식을 가지고 공부에 흥미를 잃었어도 학교는 다녀야 한다는 생각 때문에 수많은 중고등학생들이 6년이라는 긴 학창 시절 동안 힘든 부적응의 시간을 견디고 있다. 우리나라 청소년들의 행복지수가 OECD 최하위이고, 수많은 청소년들이 우울증을 앓고 있으며, 청소년 사망 원인 1위가 자살이라는 충격적인 현상은 그냥 생긴 것이 아니다. 너무 일찍 너무 많은 공부를 하게 만드는 한국의 교육과정이 초등학생 이하 어린이들을 행복하지 못하게 만들 뿐만 아니라 다수의 중고등학생 또한 불행하게 만드는 원인이 되는 것이다.

초등학교 이하 어린이들을 대상으로 장래를 위한 준비교육을 시켜 봤자 그들이 얼마나 많은 지식을 습득하고 기술을 익힐 수 있겠는가? 초등학교 6년 동안 배우는 모든 교육과정의 지식과 기술은 일반적인 고등학생이라면 일 년만 해도 충분히 습득할 수 있는 내용일 것이다. 어떤 지식이라도 준비가 되지 않은 단계의 어린아이에게 가르치려면 엄청난 시간과 노력을 들여야 하지만 충분히 준비가 된 사람에게라면 단기간에 쉽게 가르칠 수 있다. 초등학교 이하 어린이들을 대상으로 하는 모든 준비교육은 아이들을 더 준비된 상태로 만드는 것이 아니라 본격적인 공부를 시작해야 할 나이가 되었을 때 이미 지치고 절망한 아이로 만드는 효과만 있을 뿐이다. 한국의 부모들은 무엇이 그리도 급해서 초등학교 이하의 어린이들이 그토록 많은 교육을 받아야 한다고 생각하는가?

## 공부는 중고등학교 및 대학교 10년이면 충분하다

우리나라는 인적 자원이 가장 중요한 나라다. 따라서 아이들에 대한 교육은 피할 수 없다. 그렇다고 초등학교 이하의 어린이들에게 미래를 위한 교육을 시킬 필요가 과연 있을까? 초등학교 6학년생이 성인이 되어 사회생활을 시작하게 되는 시기는 최소 10년은 지나서이다. 나는 공부란 중학생부터 본격적으로 하면 충분하다고 생각한다. 중고등학교 6년과 대학 4년이면 무려 10년이다. 10년이라는 시간이 짧다고 보는가? 비록 현대 사회가 지식의 폭발로 인해 공부해야 할 내용이 많다고 하지만 미래 사회의 구성원으로서 필요한 능력을 갖추기 위해 청소년기 10년이라는 시간은 절대 부족한 시간이 아니다. 더구나 현대 사회는 더 이상 대학까지 열심히 공부해서 학위를 받고 취업을 하면 그 후 평생 공부를 하지 않아도 되는 그런 사회가 아니다. 현대 사회는 누구에게나 평생 공부할 것을 요구하고 있다. 따라서 중요한 것은 대학을 졸업할 때 얼마나 많은 지식을 갖추고 있느냐가 아니라, 평생 공부에 흥미를 잃지 않고 언제든지 새롭게 배울 수 있는 자세와 능력을 갖추고 있느냐 하는 것이다. 그런데 우리나라의 교육은 초등학교만 졸업해도 절대다수의 학생들이 공부에 흥미를 잃게 만드는 최악의 교육이다.

초등학교 때까지는 실컷 놀고 중학생이 되면 본격적으로 공부를 해야 한다는 개념이 우리 사회 전체가 공유하는 보편적 개념이 된다면 우리나라 청소년들은 중학생이 되었을 때 지금의 중학생들보다 훨씬 집중해서 공부를 시작하게 될 것이다. 왜냐하면 초등학교에서 이미 실컷 놀았기 때문에 이제부터 공부를 시작해야 한다는 것을 알기 때문이다. 또한 아직 본격적으로 공부를 해본 것이 아니기 때문에 자신이 공부를 잘한다거나 못한다는 개념이 형성되지 않을 것이며, 따라서 중학생이라는 어린 나이에 벌써 자신이 공부를 못한다는 인식을 가지고 공부를 포기하는 불행한 학생들은 나타나지 않을 것이다.

### 아이가 행복해야 아이를 낳는다

그러므로 나는 강력히 주장한다.

어린이는 인생의 시작 단계이다. 인생의 시작 단계는 무조건 행복해야 한다. 인생의 시작 단계부터 행복하지 않다면 도대체 나머지 인생이 어떻게 행복해질 수 있겠는가? 인생이 행복해질 수 없다면 이 세상에 태어나서 살아가야 할 이유가 무엇인가? 우리나라의 저출산 문제의 해결은 무엇보다 어린이가 행복한 사회를 만드는 데서부터 출발해야 한다. 어린 시절이 행복한 추억으로 가득한 상태로 청소년으로 자라야 하고 성인으로 성장해야 한다. 그래야 자녀를 낳아 자신의 자녀에게 행복한 어린 시절을 누리게 하고 싶은 마음이 생긴다. 행복한 어린 시절을 경험하지 못한 사람이 성인이 된다면 어떻게 자녀를 낳아 그 자녀에게 행복한 어린 시절을 경험하게 할 것을 기대할 수 있겠는가? 아이가 행복해야 그 아이를 둔 부모들도 행복할 수 있다. 자기 아이가 행복하지 못한 것을 알면서 어떻게 부모가 행복할 수 있겠는가? 아이를 가진 부모들이 행복하지 못한 사회에서 누가 아이를 낳아 기르고 싶은 마음이 들겠는가? 아이들이 먼저 행복하고, 그로 인해 아이의 부모들도 행복해야 사람들이 기대와 희망을 가지고 아이를 낳아 기르게 될 것이다.

## 아이가 행복한 나라를 위한 정책 제안

그러므로 나는 어떠한 수단을 써서라도 대한민국을 아이가 행복한 나라로 만들어야 한다고 주장한다. 그렇다면 대한민국을 아이가 행복한 나라로 만들 수 있는 방안은 무엇인가? 앞에서 말했듯이 아이들은 행복하기 위해서는 많은 것이 필요한 것이 아니다. 아이들을 불행하게 만드는 것들을 찾아 제거하고, 아이들이 마음껏 놀 수 있는 환경을 만들어주면 되는 것이다.

아이들을 불행하게 만드는 근본적 원인은 중등교육에서 시작해야 할 장래를 위한 준비교육을 초등학교 이하의 아이들에게 너무 일찍 너무 많이 시행한다는 것이다. 따라서 장래를 위한 준비교육이라고 할 수 있는 일체의 교육을 초등학교 이하의 어린이들을 대상으로 시행하는 것을 막아야 한다. 어린이들에게 충분히 놀 시간을 제공하지 않고 지나치게 많은 학습을 시키는 것은 어린이의 심리와 정서에 고통을 가하는 폭력 행위라고 할 수 있다. 영어, 수학, 과학, 국어, 논술, 한자 등을 교육시키기 위하여 방과 후에 어린이들을 학원에 전전하게 하는 행위는 명백한 아동학대 범죄이다. 아동학대는 아동을 신체적, 성적, 심리적으로 학대하는 것을 의미한다. 초등학교 교육과정으로 만족하지 않고 자기 자녀들을 몇 시간씩 학원에 보내는 것이 아이들에게 심리적으로 고통을 주는 일이라는 것을 왜 부모들은 알지 못하는가? 부모에게 절대적으로 의존할 수밖에 없는 어린이들이라고 해서 이렇게 학대해도 된단 말인가? 그러므로 국가는 방과 후에 일정한 시간 이상 자기의 자녀들을 학원에 보내는 부모들을 아동학대의 관점에서 제재할 수 있는 제도적 장치를 마련하고 시행해야 한다. 또한 초등학교 어린이들을 대상으로 영어나 수학과 같은 장래를 위한 준비교육을 하는 모든 사교육 또한 아동학대의 관점에서 제재할 수 있는 제도적 장치도 마련하고 시행해야 한다.

## 초등학교는 놀이학교로

　아울러 공교육 기관인 초등학교의 교육과정을 놀이가 중심이 되는 과정으로 혁신시켜야 한다. 초등학교의 교육과정은 국어, 수학, 사회, 과학, 도덕, 체육, 음악, 미술, 영어, 체험활동 등으로 구성되어 있다. 다행히 요즘은 교과나 체험활동을 실제로 어린이들을 대상으로 교육할 때 최대한 놀이학습이 되도록 노력하고 있다고 한다. 공부가 놀이가 되고 놀이가 공부가 될 수 있다면 가장 이상적일 것이다. 그러나 국어, 수학, 사회, 과학, 영어 등의 수업을 하면서 그 과목에서 성취하고자 하는 목적을 달성하며 동시에 어린이들이 마음껏 놀게 하는 것은 사실상 어렵다. 무엇보다도 어린이들이 진정으로 행복하기 위해서는 공부를 위한 놀이가 아니라 놀이 자체를 위한 놀이를 할 수 있는 과목이 필요하다.

　그러므로 나는 초등학교 교육의 목적에 맞게 초등학교 교육과정에서 가르치는 내용에서 장래를 위한 준비교육에 해당하는 것은 과감히 제거하고 그 대신 놀이 과목을 대거 신설하기를 제안한다. 그리고 놀이 과목의 시수는 전체 교과 시수의 반 이상이 되도록 해서 그야말로 놀이가 초등학교 교육과정이 중심이 되도록 해야 한다고 제안한다. 즉, 초등학생에게 학교는 놀기 위한 장소이며 학교에 가는 것은 한마디로 놀러 가는 것이 되어야 한다.

　1970년대 대한민국이 세계에서 최빈국에 속했던 시절에 나는 초등학교를 다녔다. 그때 나는 참으로 많은 놀이들을 하면서 어린 시절을 보냈다. 딱지치기, 구슬치기, 칼싸움, 연날리기, 오징어게임, 공차기, 자치기, 술래잡기 등등 학교를 마치자마자 저녁 늦게까지 동네에서 친구들과 신나게 어울려 놀았던 기억으로 가득하다. 내가 초등학생이었을 때 놀이에 보낸 시간은 아마도 요즘 어린이들이 놀이에 보내는 시간의 몇 배는 더 많았을 것이다. 그 시간의 차이만큼 옛날의 아이들이 더 행복하지 않았을까 생각한다.

## 교육대학의 커리큘럼을 개혁해서 전문 놀이 교사를 양성해야 한다

초등학교 교육과정을 개혁하여 초등학교를 놀이 학교로 바꾼다고 해서 무작정 아이들을 놀게 하자는 것은 아니다. 아이들 입장에서는 다른 목적 없이 놀이에 열중할 수 있으나, 그 과정 속에서 자연스럽게 전인적 성장이 이루어져 초등학교 교육의 목적을 달성할 수 있도록 해야 한다. 그러기 위해서는 놀이 과목을 담당할 전문적인 놀이 교사를 양성해야 한다. 전국의 교육대학에 놀이학과를 신설하고 아이들과 신나게 놀아줄 수 있는 교사를 양성해야 한다. 우리나라뿐만 아니라 전 세계의 다양한 놀이를 발굴하고 익혀서 초등학생들을 대상으로 재미있게 놀 수 있는 놀이 선생님들이 대거 필요하다.

요즘 아이들의 놀이를 보면 온통 한 손에 스마트폰을 들고 노는 것이다. 공부를 하지 않는 시간의 대부분을 스마트폰을 보면서 보낸다. 스마트폰으로 실행할 수 있는 수많은 게임들과 SNS 활동을 하면서 놀고 있다고 생각한다. 그것들이 과연 놀이인지 나는 의심스럽다. 아이들은 놀이를 하면서 자연스럽게 신체적 능력뿐만 아니라 사고력, 창의력, 문제해결력 등 지적 능력, 나아가서 배려하는 마음, 협력하는 마음, 페어플레이 정신 등 사회적 능력을 기를 수 있다. 아이들은 신나게 놀면서 신체적·정신적·사회적·정서적 또 지적으로 균형된 성장·발달을 이룰 수 있다. 하지만 요즘 아이들이 스마트폰을 들고 보내는 놀이 시간은 오히려 아이들의 신체적 성장을 방해할 뿐만 아니라 정신적·사회적·정서적 또 지적으로 균형된 성장을 이루는 데 오히려 해가 되고 있다. 따라서 놀이를 통해 이러한 교육적 목적이 이루어질 수 있도록 전문적인 능력을 갖춘 놀이 교사가 절대적으로 필요하다. 그러므로 나는 국가에서 전문 능력을 갖춘 놀이 교사를 대거 양성할 수 있도록 교육대학 커리큘럼을 개혁할 것을 제안한다.

   교육대학에서 양성되어 초등학교에 배치되는 놀이 교사는 다른 전문 교과 교사들과 마찬가지로 자신의 전공 분야인 놀이의 전문가가 되어야 한다. 아동의 발달단계와 아동의 심리를 잘 이해해야 한다. 또한 아동의 신체적 안전을 확보할 수 있어야 하며, 동시에 놀이를 통해 초등학교 교육 목적을 성취할 수 있도록 전문 지식을 갖추어야 한다. 이런 놀이 선생님들이 있으며 놀이에 대한 열망으로 학교 가는 것을 사랑하는 아이들로 가득한 초등학교 교정은 참으로 활기차고 행복한 장소가 될 것이다.

## 혁명적 변화가 필요하다

현재 시행되고 있는 정부의 저출산 정책들은 대부분 아이를 둔 부모들이 보다 쉽게 아이를 양육하고 교육하도록 지원하는 정책들이다. 예를 들어, 과도한 사교육비 때문에 경제적으로 여유가 없는 부모들은 아이를 가질 수 없다. 그 비용을 국가가 지원하는 것이 효과적인 저출산 정책이라고 판단하면, 매달 일정 금액의 돈을 자녀가 있는 가정에 지불하는 수밖에 없다. 그러나 그러한 정책은 결국 국가 전체적으로 사교육을 더 부추기게 되며, 아이들의 행복을 더욱 앗아 가는 결과로 이어질 것이다. 올바른 저출산 정책이라면 사교육이 없이 아이를 키울 수 있는 환경을 만들어주어야 한다. 어린이에게 정규교육과정에서 요구되는 이상의 학습을 강요하는 학부모는 아동학대의 관점에서 보아야 한다. 어린이를 상대로 사업을 하는 각종 학원 사업은 아동학대의 관점에서 규제를 해야 한다.

우리나라의 저출산 문제를 해결하려면 우리 사회는 결국 혁명적 변화가 필요하다. 아이가 행복하고 노인이 행복한 사회가 되지 않는 한 저출산은 해결되지 않는다. 이를 위해 초등학교 이하 교육과정의 혁명적 변화는 불가피하다. 미래를 위한 준비교육, 친구들과의 비교, 서로를 제치고 앞서가려는 경쟁 없이 마음껏 놀 수 있는 어린 시절을 만들어주어야 한다. 세상이 즐거움으로 가득한 어린 시절이 되도록 해야 한다. 학교에 가고 싶어 방학을 없애달라는 초등학생들의 민원이 쇄도하는 사회가 되어야 한다. 놀이를 통해 티 없이 자라는 과정에서 아이들의 신체는 강해지며 정서는 풍부해지고, 서로를 배려하는 마음, 협력하는 마음, 존중하는 마음, 모험정신, 도전정신, 탐구력, 끈기, 인내, 예의 등이 길러져야 한다.

초등학교에서 미래를 위한 공부 없이 정말 마음껏 뛰어놀고 그 놀이를 통해 신체적, 정서적, 정신적으로 성숙하여 중학생이 되면, 우리나라 청소년들은 본격적으로 공부를 하고자 하는 열정과 지적 호기심에 충만하게 될 것이다. 중학생이 벌써 공부에 소질이 없다고 포기하거나 절망해서 학교생활을 등한시하고 잘못된 길로 빠지는 일은 없어질 것이다. 중학교 3년과 고등학교 3년, 그리고 대학교 2~6년을 합하면 8년에서 12년에 해당하는 긴 시간이다. 우리나라 청소년들은 그 긴 시간 동안 그야말로 자신의 자아 정체성을 확립하고 장래의 꿈을 찾고 그 꿈을 이루기 위해 공부에 전념하는 멋진 청소년들이 될 수 있다. 이렇게 긴 시간이 보장되는데 왜 우리나라 어린이들은 초등학교도 들어가기 전인 그 어린 나이부터 무거운 책가방과 학원에 시달리며 타고난 생명력을 소진하고 행복을 박탈당해야 하는가?

현재 대한민국은 한마디로 거대한 아동학대국이며, 대한민국 절대다수의 부모들은 아동학대범이라고 할 수 있다.

# 3장
# 행복하지 않은 나라의 존재 이유

## 한국이 기록하고 있는 OECD 압도적 1위 타이틀

한국은 참 특이한 나라다. OECD(경제협력개발기구)에 가입되어 있는 38개국 중에서 한국이라는 나라가 가지고 있는 타이틀에는 자살률 1위, 저출산율 1위, 고령화 속도 1위, 노인 빈곤율 1위, 남녀 임금 차 1위가 있다. 이 밖에도 보행자 교통사고 노인 사망자 수 1위, 우울증 유병률 1위, 대학 진학률 1위, 65세 이상 인구 고용률 1위, 사교육비 1위 등이 있다. 이렇게 1위 타이틀을 많이 가진 나라도 드물지만, 한국이 1위를 기록하고 있는 분야들을 보면 참 특이한 분야에서 1위를 기록하고 있구나 하는 생각이 든다. 그리고 그 분야들은 대한민국이라는 나라가 지금 어떤 상황에 놓여있는지 단적으로 보여주고 있다. 특히, 저출산율이나 자살률이 몇 년째 압도적 수치로 1위를 기록하고 있는 것을 보면 한국이라는 나라의 어떤 극단성 같은 것이 느껴진다. 우리 민족은 언제부터 이렇게 극단적인 민족이었는가?

물론 극단적인 것이 나쁜 것만은 아니다. 한국의 긍정적 극단성을 보여주는 대표적인 예는 경제 성장에서 찾을 수 있다. 1953년 전쟁이 끝났을 때 한국은 그야말로 폐허였다. 국토의 대부분이 황폐화되었고 농업마저 붕괴되어 전 국민이 굶주림에 시달렸다. 하지만 1960년대 이후 냉전이라는 미소의 이념 전쟁 속에서 한국의 공산화를 막으려는 미국의 원조와 어떻게든 살아보려는 우리 국민 개개인들의 처절한 희생을 바탕으로 한강의 기적이라는 경제 성장을 이루어냈으며, 2022년 현재 대한민국은 세계 10대 경제 강국의 반열에 올라섰다.

이처럼 한국의 극단성 덕분에 이룩한 경제 성장은 세계를 놀라게 하고 한국이라는 나라에 많은 관심을 불러일으켰다. 그리고 그 관심은 경제를 넘어서 문화로 이어져 세계적인 한류 열풍을 일으키고 있다. 한국 밖 세계에서 바라보는 한국은 기적의 나라이며, 많은 개발도상국이 부러워하고 있는 나라이다. 2018년에 문화체육관광부 해외문화홍보원은 〈대한민국 국가이미지 조사 결과〉를 발표했다. 이 조사는 우리나라에 대한 세계인의 인식을 체계적으로 분석하기 위해 실시된 것으로, 우리나라를 포함한 16개국 8,000명을 대상으로 온라인 설문 방식으로 진행됐다. 발표에 따르면 외국인들이 한국에 대해 평가하는 전반적인 이미지는 매우 긍정적(긍정 80.3%)이었다. 일본을 제외한 거의 모든 나라가 대한민국을 매우 긍정적으로 평가하고 있다.

### 국가별 대한민국 국가이미지 평가

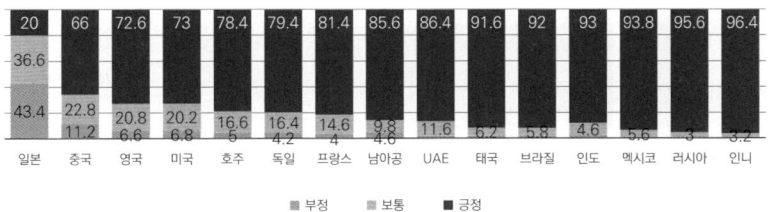

문체부 보도자료-2018년도 대한민국 국가이미지 조사 결과 발표[1]

    이토록 좋은 나라에서 살고 있는 대한민국 국민들은 당연히 행복해야 하지 않을까? 외국인들이 사랑하는 K-pop, 드라마, 영화 등 한국 문화에 무한한 자부심을 가지고, 세계 경제 대국으로서의 경제적 풍요로움을 누리며 자랑스러운 대한민국 국민으로서 행복하게 살아야 하지 않을까? 그러나 정작 우리 국민들은 자신의 나라를 외국인들보다 훨씬 부정적으로 평가하고 있다(긍정 54.4%).

### 한국인과 외국인의 국가이미지 평가 비교

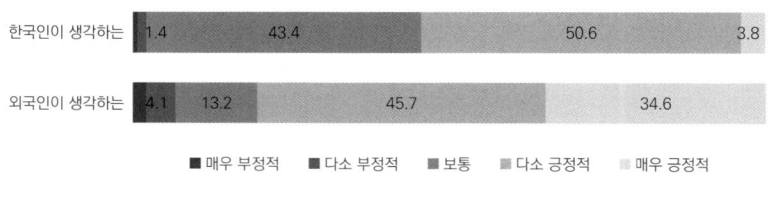

문체부 보도자료-2018년도 대한민국 국가이미지 조사 결과 발표

---

1) https://www.mcst.go.kr/kor/s_notice/press/pressView.jsp?pSeq=17077

전 세계가 부러워하고 닮고 싶어 하는 한국이라는 나라가 보여주는 이 특이한 현상은 어떻게 설명할 것인가? OECD 통계 순위에서 1위를 기록한 각종 부정적 현상들의 근본적 원인은 무엇인가? 왜 한국은 세계에서 가장 많은 사람들이 자살하는 나라가 되었는가?

## 내 삶의 이유는 나에게 없다

사실 내가 이 땅에서 한 명의 인간으로서 살아가는 이유는 나에게 없다. 그저 나의 부모가 인간이고, 그들이 나를 낳았기 때문에 나는 인간으로서 살아가고 있다. 내 삶은 내가 선택한 것이 아니라 나의 부모들이 선택한 것이다. 지금 이 땅에서 살고 있는 모든 사람들이 다 마찬가지다. 자신이 이 세상에 한 명의 인간으로 살아야 할 이유가 있어서 태어난 사람은 아무도 없다. 인류 역사 속에서도 예수를 제외하면 그 누구도 자신만의 이유나 이루어야 할 사명이 있어서 태어난 사람은 아무도 없을 것이다. 그리고 인류의 죄를 사하기 위해서라는 명백한 이유를 가지고 이 세상에 태어났다는 예수의 이야기마저도 종교인들이 지어낸 이야기일 가능성이 매우 높다. 원하였든 원하지 않았든 상관없이 우리 모두는 각자의 부모들에 의해서 그저 이 세상에 던져졌다.

물론 나를 이 세상에 태어나게 한 부모들은 그 나름대로 이유가 있었을지도 모른다. 옛날에는 가문의 대를 잇는 것이 굉장히 중요한 이유였다. 결혼한 여자가 아들을 낳지 못해서 가문의 대를 잇지 못한다면 거부할 수 없는 이혼 사유가 된 시대도 있었다. 자식을 낳아 집안을 번창하게 하는 것도 하나의 이유가 되었을 것이다. 가문의 대는 아닐지라도 생물학적으로 무조건적인 번식의 욕망에 의해서 자식을 낳은 부모도 있을 것이다. 또한 욕구 만족을 위한 성행위를 하다 보니 의도치 않게 아이가 생겨서 자식을 태어나게 한 부모도 많이 있을 것이다. 그러나 그 모든 이유는 부모의 것이지 나의 것은 아니다.

## 삶의 목적은 무엇인가?

하지만 삶의 목적은 다르다. 일단 이 세상에 태어나서 한 명의 인간으로 살아갈 수밖에 없기 때문에 우리는 자신의 삶의 목적을 설정하려고 한다. 우리 개개인은 일평생 살면서 몇 번이나 스스로에게 물어볼까? 내 삶의 목적은 무엇인가? 나는 무엇을 위해서 살아가야 할까? 나는 무엇을 꿈꾸어야 할까? 뭔가를 이루기 위해서 하루하루를 치열하게 살아가는 사람들도, 겉보기에 아무것도 하지 않고 빈둥대며 시간을 낭비하는 것처럼 보이는 사람들도, 끊임없이 삶의 목적들에 대한 이러한 질문들을 자문하면서 살아가고 있다. 인간이 이렇게 삶의 이유나 목적에 대해서 질문하고 집착하는 이유는 아무런 목적이 없다면 삶 자체가 무의미하게 느껴지기 때문일 것이다. 삶 자체가 무의미하게 느껴질 때 사람이 선택할 수 있는 가장 고상한 선택은 자살이 아닐까? 아무 의미도 없는 삶을 계속 살아야 할 이유는 없지 않은가? 합리적이고 정직하며 고귀한 인간이라면 인생이 아무런 의미도 없다는 결론을 내리는 순간 자살하는 게 맞을 것이다. 그렇다면 아무런 이유도 없이 이 세상에 태어나서 한 명의 인간으로 자살하지 않고 계속 살아가고 있다면 도대체 나는 무엇을 위해서 살아야 하는가?

　많은 사람들이 가족을 위해서 산다고 한다. 많은 사람들이 부자가 되기 위해서 산다고 한다. 많은 사람들이 성공하기 위해서 산다고 한다. 많은 사람들이 꿈을 이루기 위해서 산다고 한다. 이미 꿈을 이루었고 이미 성공하였고 이미 부자인 사람들은 어떠한가? 꿈을 이룬 사람들은 새로운 꿈을 이루기 위해서 산다고 한다. 꿈은 항상 새로운 꿈으로 이어지고 성공도 새로운 목표로 이어지고 부유한 사람들은 더 큰 부를 이루고자 노력하게 된다. 자식이 있는 사람들은 자식을 위해서 산다고 한다. 자식이 성공할 수 있도록, 자식이 부유하게 될 수 있도록 하기 위해서 산다고 한다. 그렇다면 인간은 왜 꿈을 이루고자 하고, 성공하고자 하고, 부유해지고자 하는가?

　인간의 욕망에 대해 수천 년 동안 탐구해 온 수많은 철학자들과 종교인들의 답을 한 문장으로 나타내면 다음과 같을 것이다. "인간이 꿈을 꾸고 성공하기를 원하고 부유해지기를 원하는 근본적인 이유는 행복하기를 원하기 때문이다."

　인간이 무엇을 추구하든 근본적인 이유는 그것이 자신을 행복하게 해줄 것이라고 믿기 때문이다. 가족을 위해서 사는 사람은 가족이 자신을 행복하게 해준다고 생각하기 때문이다. 많은 돈을 벌기 위해서 사는 사람은 많은 돈이 자신을 행복하게 만들어줄 것이라고 믿기 때문이다. 꿈을 이루기 위해서 치열하게 정진하는 사람은 그 꿈이 자신을 행복하게 해줄 것으로 희망하기 때문이다. 심지어 타인을 위해서 자신을 희생하거나 고통스러운 삶을 기꺼이 선택하는 사람마저도 그 고통과 희생 속에서 스스로 행복을 느끼기 때문에 그런 선택을 하는 것이다. 행복은 편안함 속에도 있지만 고통 속에도 있으며, 부유함 속에도 있지만 가난함 속에도 있으며, 성공 속에도 있지만 희생 속에도 있기 때문이다.

인간은 결국 행복을 위해서 산다고 할 수 있다. 어제 행복했다면 그 행복을 기억하고 다시 그 행복을 맛보기 위해서, 오늘 행복하다면 이 행복을 만끽하고 그것을 지키거나 더 키우기 위해서, 어제 행복하지 않았거나 오늘 행복하지 않다면 내일이라도 행복하기 위해서 인간은 하루하루를 열심히 살아가고 있다.

하지만 어제도 행복하지 않았고, 오늘도 행복하지 않고, 내일도 행복하지 않을 것이 확실해진다면 인간은 어떻게 살아야 하는가?

## 행복은 개인의 생각에 달려있는가?

법륜 스님이나 황창연 신부나 그 밖에 수많은 현자들의 가르침을 한마디로 정의하면 '행복은 개인의 생각에 달려있다'는 것이다. 행복이 외부적인 조건에 달려있다면 사람은 일평생 시계추처럼 행복과 불행 사이를 오갈 수밖에 없다. 외부적인 조건은 끊임없이 변하기 때문이다. 하지만 행복이 외부적인 조건과 상관없이 개인의 생각에 달려있다면 행복하기로 선택한 사람은 평생 행복할 것이고 불행하기로 선택한 사람은 평생 불행하게 살 것이다. 이것이 부처님이나 예수님 등 인류의 스승들이 공통적으로 설파한 가르침이기도 하다. 그리고 그 가르침은 아무리 반박하고 싶어도 반박할 수 없는 만고의 진리이기도 하다. 전쟁 속에서도 어떤 개인은 행복을 유지하며, 엄청난 성공과 부유함 속에서도 어떤 개인은 불행을 호소하며 우울증에 시달리거나 심지어 자살하기도 한다. 그러므로 환경이 어떠하든 그 환경을 탓하지 말고 각자 자신의 처지에서 생각을 바꾸어 행복을 찾는 것이 현명한 일이며, 현자들의 가르침에 의하면 또한 충분히 가능한 일이기도 할 것이다.

인터넷으로 행복한 사람들의 특징을 검색하면 쉽게 다음과 같은 특징들을 발견할 수 있다.
- 행복한 사람들은 다른 사람들을 돕기를 좋아한다. 그들은 다른 사람들에게 베풀 때 누군가의 삶에 변화를 일으켰다는 것을 안다. 그리고 이는 그들의 삶에 기쁨을 가져온다.
- 행복한 사람들은 다른 사람들을 사랑한다. 그들은 무관심 대신 사랑을 표현한다.
- 행복한 사람들은 있는 그대로 받아들인다. 반항하며 다른 삶을 살려고 하기보다 행복한 사람들은 모든 고난으로부터 배우고 진화하며 발전한다.
- 행복한 사람들은 다른 모든 사람들처럼 온갖 문제를 마주하지만, 그런 역경을 발전의 기회로 본다.
- 행복한 사람들은 억울함에 오래 매달려 있지 않는다. 그들은 과거를 뒤로하고 앞으로 다가올 일에서 기쁨을 찾는다.

- 행복한 사람들은 단점에 집중하지 않고 장점을 찾으려 노력한다.
- 행복한 사람들은 비판하기보다 칭찬한다.
- 우리가 바꿀 수 없는 일은 너무나 많지만, 자신의 관점은 바꿀 수 있다. 관점을 바꾸고 행복해져라.

행복한 사람들의 특징 중 어디에도 행복한 사람들은 돈이 많다거나, 행복한 사람들은 좋은 대학을 나왔다거나, 행복한 사람들은 남들이 부러워하는 직업을 가졌다거나 하는 말은 없다. 인터넷 검색으로 쉽게 발견한 특징들이지만 행복한 사람들의 이러한 특징들에 대해서 반박할 수 있는가? 현자들의 가르침이나 인터넷의 검색에 따르면 행복은 결국 개개인의 생각과 관점에 달려있다고 할 수 있다.

## 세계가 부러워하는 한국은 지금 행복한가?

유엔 산하 자문기구인 지속가능발전해법네트워크(SDSN)에 의해 공개된 〈2022 세계행복보고서〉를 보면 한국의 행복지수는 세계 59위를 기록하고 있으며, OECD 38개 회원국만 추려보면 이 역시 최하위권에 속해 있다.[2]

한국이 현재 기록하고 있는 OECD 1위 분야들이 모여서 결국 한국인들의 행복지수를 최하위로 만들고 있는 것이다. 심지어 한국이 자랑하는 경제적 발전마저 한국인의 전반적인 행복에 기여하지 못하고 오

---

2) https://happiness-report.s3.amazonaws.com/2022/WHR+22.pdf

히려 불행의 큰 요인으로 작용하고 있는 것 같다. 광복과 전쟁 이후 지극히 가난했던 60년대와 70년대 우리나라는 경제 발전을 성공시키면 행복해질 것이라고 생각했다. 하지만 경제적으로 선진국 대열에 들어선 지금 오히려 한국은 과거보다 더 불행한 듯 보인다.

## 대한민국 국민들은 집단적으로
## 잘못된 의식 속에서 살고 있는가?

 대한민국은 이미 경제, 문화, 교육, 정치 등 사회의 모든 면에서 선진국 수준에 도달했다. 즉, 대한민국 국민들이 살고 있는 외적인 환경은 세계적 기준에서 봤을 때 충분히 행복을 누릴만한 수준이 되었다고 할 수 있다. 그럼에도 행복지수가 이토록 낮은 것은 아무래도 우리나라 국민들의 의식에 문제가 있기 때문이 아닐까? 우리나라 국민들은 전 세계에서 대학 진학률이 가장 높으며, 교육 수준이 가장 높고 지적으로 가장 뛰어나다고 할 수 있다. 이러한 국민들이 어떻게 집단적으로 잘못된 의식을 가지고 스스로 불행을 자초하고 있단 말인가?

 특정한 사회의 구성원들은 그 사회의 시스템을 벗어나는 생각을 하기가 어렵다. 수렵채집 시대에 사람들의 주된 관심사는 어디서 무슨 동물을 사냥하고, 어디서 무슨 열매를 찾을 수 있을까 하는 것일 수밖에 없다. 농경 시대 사람들의 주된 관심사는 언제 무슨 씨를 뿌릴까? 비는 언제 올까? 같은 생각일 수밖에 없다. 각 사회에서 개인은 자신의 생존과 직결된 생각에서 자유로울 수 없다. 생각은 개인에게 달려있지만 개인들의 집단적인 사고는 결국 사회 시스템의 틀 안에서 이루어진다. 한국인들이 집단적으로 스스로를 불행하게 만드는 사고를 하면서 살아가고 있다면, 그런 사고를 하도록 몰아가는 한국 사회 시스템에 문제가 있는 것이다. 그 시스템을 변화시키지 않고 개개인에게 사고를 바꾸어 행복을 찾으라고 하는 것은 시스템의 지배를 받지 않을 정도로 경제적 자유와 사회적 권력이 있는 극소수의 사람들을 제외하면 거의 불가능에 가까운 일이다. 법륜 스님이나 황창연 신부님같이 개개인의 의식을 깨우쳐 행복을 찾을 수 있도록 가르침을 행하는 현자들은 반드시 필요하지만, 그들의 가르침은 실제로 우리 사회에 큰 도움이 되지는 않는다. 그들의 강연이 끝나고 다시 일상으로 돌아왔을 때 처하게 되는 사회 시스템의 힘은 너무나 강하여 벗어날 수가 없다. 현재의 대한민국 사회 시스템 속에서 개인이 의식을 변화시켜 행복해지는 것은 불가능에 가깝다. 왜냐하면 이 나라에서 나만 의식을 변화시키고 그 변화된 의식에 따라 살아가다 보면 행복해지는 것이 아니라 오히려 결과적으로 나만 더 불행해질 것 같기 때문이다.

'인생의 궁극적 목적은 행복'이라는 아리스토텔레스의 주장처럼 인간은 누구나 행복하게 살기를 원한다. 하지만 이렇게 행복하지 않은 나라에서 아이를 낳아 기른다는 것은 무엇을 의미하는가? 자신의 아이를 불행한 나라에서 살게 하고 싶은 부모가 있겠는가? 나의 과거가 불행했고, 나의 현재도 불행하고, 나의 미래도 불행하다면? 그리고 나의 아이도 나와 마찬가지로 어린 시절도 불행하고 청년 시절도 불행하고 어른이 되어서도 불행하고 늙어서도 불행하게 살 것으로 예측된다면? 왜 이런 세상에 나를 낳았느냐고 아이가 원망하지 않을까? 자살률 1위인 나라 대한민국! 태어나서 자살하느니 차라리 태어나지 않는 것이 올바른 선택이 아니겠는가? 아이도, 어른도, 노인도, 어느 한 세대도 행복하지 않은 나라에서 아이를 낳아 기르는 것은 미친 짓이며, 잔인한 짓이다.

나는 한국의 극단적 초저출산의 원인이 한국인들이 행복하지 않기 때문이라고 지적했다. 지난 수십 년간 한국인들은 살기 좋은 나라를 만들기 위해 각 분야에서 엄청난 노력을 해왔다. 그래서 세계가 놀라워하는 경제 성장을 이루었고 한류로 상징되는 문화 강국이 되었다. 그러나 그와 동시에 행복지수 최하위의 나라가 되었다. 전체적인 행복지수만 최하위가 아니라 모든 연령대의 행복지수가 다 최하위라는 데에는 심각한 문제가 있다. 태어나서 성장하고 늙어 죽을 때까지 줄곧 불행하기만 한 삶을 사는 것은 얼마나 슬픈 일인가?

세상에 대해서 아무것도 모르는 순진무구한 어린 시절부터 별로 행복하지 못한 상태에서 인생을 출발하여 언젠가 행복해질 것이라는 희망을 가지고 치열하게 노력하지만, 청년이 되어서도 행복하지 못하고, 중년이 되어서도 행복하지 못하고, 노년이 되면서도 행복하지 못한 삶을 우리는 살아가고 있는 것이 아닌가? 인생의 시작부터 행복하지 못한데 나이가 들면 들수록 더욱 불행해지는 삶, 가장 늙어서 가장 불행해지는 삶, 가장 불행해진 상태에서 이 세상을 하직하는 삶. 이것이 오늘을 살아가는 대한민국 국민의 삶이라면 어떻게 아이를 낳아 기를 생각을 하겠는가?

어린 시절만이라도 행복하다면 그나마 아이를 낳아 그런 행복을 누릴 수 있도록 하고 싶은 마음이 생길 것이다. 청년이나 중년 시절만이라도 행복할 수 있다면 아직 아무것도 모르는 어린 시절은 견딜 수도 있을 것이다. 노년이 되어서라도 행복할 수 있다면 그래도 인생은 살 만한 것이었다는 생각을 할 수 있을 것이다. 단 한 연령대만이라도 이 세상에 인간으로 태어나서 살아가는 것이 참 좋다라는 생각을 할 수 있다면 나의 아이에게도 그런 삶을 살 수 있는 기회를 만들어주고 싶을 것이다.

OECD 행복지수 최하위를 기록하고 있는 21세기 한국에서 아이를 낳지 않는 것은 지극히 당연하며 현명한 선택이다. 어렸을 때부터 행복하지 못하며, 살아갈수록 더욱 행복과는 멀어지며, 결국에는 가장 불행하게 되어서 세상을 떠나야 하는 나라에서 아이를 낳는다는 것은 무모하고 무책임한 비이성적인 선택이다. 따라서 한국의 저출산 문제에 대한 근본적 해결책은 한국을 잘사는 나라가 아니라 행복한 나라로 만드는 데 있다. 우리나라를 사람들이 행복한 나라로 만들면 저출산 문제는 저절로 사라질 것이다.

### 어떻게 우리나라를 행복한 나라로 만들 것인가?

인간 개개인의 행복의 기준은 전부 다르다. 어떤 사람은 가난해도 행복하고 어떤 사람은 부유해도 행복하지 않다. 어떤 사람은 병이 있어도 행복하고 어떤 사람은 건강해도 행복하지 않다. 어떤 사람은 성공하지 못해도 행복하고 어떤 사람은 성공해도 행복하지 않다. 어떤 사람은 늙어도 행복하고 어떤 사람은 젊어도 행복하지 않다. 사람이란 지극히 모순적인 존재이다. 가진 것이 많아도 자기보다 더 많이 가진 사람을 보면 불행하게 느끼고, 가진 것이 적어도 자기보다 더 적게 가진 사람을 보면 행복하다고 느낀다. 그리고 행복이라는 것은 근본적으로 순간의 느낌이라고 할 수 있다. 오늘 행복하다고 해서 내일도 행복하리란 보장은 없다. 오늘 나에게 행복을 가져다준 성취는 내일이 되면 익숙해져서 더 이상 나의 행복감에 기여하지 못한다. 한평생 내내 행복한 사람은 존재할 수 없고, 한평생 내내 불행한 사람도 있을 수 없다. 어떤 국가든 국가의 정책으로 국민 모두를 행복하게 만드는 것은 불가능하다. 다만 우리나라 사람들이 일반적으로 인생은 살만한 것이며, 따라서 나도 아이를 낳아 그 아이에게 인생의 기회를 주고 싶다는 생각이 들 수 있도록 현실적으로 가능한 정도면 충분하다.

## 시작이 좋고 끝이 좋다면 다 좋다

나는 앞에서 두 가지 정책을 제안했다. 첫째는 자녀를 둔 노인에게 기초연금을 추가로 지급하여 노인 빈곤 문제를 해결하는 것이고, 둘째는 초등학교 이하의 교육과정을 놀이가 중심이 되도록 개혁하는 것이다.

이 두 가지 정책의 핵심은 인생의 시작 시기와 끝나는 시기는 행복해야 한다는 생각에 근거하고 있다. 인생의 시작과 끝뿐만 아니라 그 중간도 행복할 수 있다면 가장 이상적일 것이다. 하지만 인생의 모든 시기가 다 행복하기가 어렵다면 적어도 처음과 끝만이라도 행복해야 한다. 처음과 끝만이라도 행복하면 '인생은 그래도 살만한 것이다'라는 생각을 할 수 있다. 사실상 모든 시기를 다 행복하게 하는 것은 어떤 국가도 어떤 정책으로도 불가능하다. 하지만 인생의 시작과 끝을 행복하게 하는 것은 사회적 합의만 이루어지면 국가의 정책으로 얼마든지 가능하다.

그리고 나는 생각한다. 만약 인생의 시작과 끝이 행복할 수 있다면 그 중간은 아무리 힘들고 험난하여도 충분히 견딜 수 있다고. 그 중간에 해당하는 시기는 청소년기부터 중장년기를 의미한다. 이 시기에는 치열하게 공부하고 치열하게 삶을 살아야 하는 시기이다. 또한 아이를 낳아 기르고 동시에 늙은 부모를 가지게 되는 시기이다. 자신들은 비록 힘들고 치열하게 하루하루를 살아가고 있다 하더라도 자신의 아이들이 행복한 어린 시절을 보내고 있고, 자신의 부모들이 빈곤에서 벗어나 여유 있는 노후를 보내고 있다면 그들 또한 행복해지지 않을까? 결국 인생의 시작과 끝을 행복하게 할 수 있다면 그 중간은 저절로 행복해질 수도 있다.

# 4장
# 더 이상 선진국을 따라 하지 마라

## 프랑스식 출산장려정책

 스웨덴, 독일, 프랑스, 일본 등 많은 선진국들이 저출산으로 인해 심각한 사회문제를 겪고 있으며, 출산율을 올리기 위해 다양한 정책을 쓰고 있다. 그중에서도 특히 프랑스의 경우 유럽에서 가장 먼저 저출산 대책을 세워 시행한 결과 상당한 성과를 거두고 있다. 프랑스의 출산율은 1980년부터 계속 하락하여 1994년에는 1.66까지 낮아졌으나 1990년대 중반부터 적극적인 가족지원정책을 통해 출산율이 증가하여 2010년 2.02명을 기록했다. 그로 인해 프랑스식 저출산정책을 모방해서 시행하는 나라들이 늘어나고 있다.

 프랑스는 아이를 낳고 키우는 것이 개인이나 가족 차원의 문제가 아니라 국가가 책임져야 하는 문제라는 기본 철학을 가지고 장기적인 인구정책 차원에서 강력한 출산장려정책을 추진해 왔다. 프랑스의 정책은 출산율 상승으로 이어졌기 때문에 성공한 정책으로 평가되고 있다. 프랑스의 대표적인 출산장려정책은 가족 수가 많은 가정과 자녀 수가 많은 가정에 대해 직접 보조금을 지급하는 방식이었다. 그러나

1990년대 중반부터 출산장려정책을 가족구성원들의 사회복지 및 안전망을 확보하는 일반적 가족지원정책 차원으로 확대하여 운용해 오고 있다.[3]

프랑스의 다양한 출산장려정책을 정리하면 첫째, 직접 현금으로 지급하는 각종 수당, 둘째, 대학까지 모든 교육을 국가가 책임지는 교육제도, 셋째, 육아휴직제도, 넷째, 혼외(미혼) 출생 자녀에 대한 적극적 지원, 다섯째, 적극적 이민 정책 등이 있다.

첫째, 현금으로 지급되는 수당의 경우, 프랑스는 16세 이하의 자녀가 두 명 이하인 경우 113.15유로, 세 자녀는 258.12유로, 네 자녀는 403.09유로를 모든 가정에 매달 지급한다. 신생아의 경우에는 별도로 만 3세가 될 때까지 1명당 매달 160유로를 지급하며, 모든 가족 수당은 부모의 별도 신청이 없어도 국가가 알아서 자동 지급한다.

둘째, 프랑스는 아이의 교육은 국가가 책임진다는 철학하에서 유치원부터 대학까지 모든 교육과정이 사실상 무료이다.

셋째, 프랑스는 여성들이 결혼과 출산을 꺼리는 가장 큰 이유 중 하나인 경력 단절에 대한 우려를 막기 위해 육아휴직 제도를 시행한다. 육아휴직은 최대 3년까지 가능하고 그 기간 동안 매달 512유로(약 65만 원)의 보조금을 지급한다. 자녀의 질병, 사고, 장애의 경우 1년간 연장도 가능하다. 또한 아이를 키우기 위해 직장을 그만둔 여성에게

---

3) 이문숙. (2016). 프랑스의 저출산 문제 해소 요인(Resolved Factors to Low Fertility in France). 한국콘텐츠학회 논문지, 16(1)

는 3년 동안 매달 340유로를 지급한다. 남성 또한 동일하게 육아휴직을 사용할 수 있으며, 실제 프랑스의 경우 남성의 62%가 육아휴직을 사용한다.

넷째, 프랑스는 결혼하지 않은 커플에게서 태어난 자녀들도 아무런 차별을 받지 않고 모든 혜택을 다 받도록 하고 있다. 실제로 프랑스의 경우 혼외 출산율은 2015년의 경우 56.7%에 달한다고 한다.

다섯째, 적극적인 이민자 수용 정책이다. OECD 통계에 따르면 총인구에서 이민자가 차지하는 비율은 프랑스의 경우 12.8%에 이른다. 반면 한국의 경우는 2.6%에 불과하다. 2017년 이민자 출신 프랑스 여성의 합계출산율은 2.60명인데 비해 프랑스 태생 여성의 합계출산율은 1.77명임을 감안해 볼 때 이민자 여성들의 출산율이 프랑스 전체의 출산율 상승에 어느 정도는 기여하고 있음을 알 수 있다.

## 헝가리식 출산장려정책

나경원 국회의원의 언급으로 인해 널리 알려진 헝가리의 파격적인 저출산 정책 또한 시행되면 효과가 있을 것으로 예상된다.

헝가리는 1981년 인구 정점을 기록한 후 지속적으로 인구가 감소했다. 2011년 헝가리의 합계출산율은 1.23명으로 유럽연합(EU) 국가 중 최하위였다. 이에 헝가리 정부는 2019년 2월 다른 나라에서 찾아보기 힘든 파격적인 정책을 시작했으며, 그 정책의 효과는 즉각적으로 나타나고 있는 것으로 보인다.

헝가리의 저출산 정책 중 대표적인 것은 아이를 낳을 것을 약속한 신혼부부에게 우리 돈으로 약 4,000만 원을 저리로 대출해 주는 제도이다. 4,000만 원은 헝가리에서는 일반 직장인의 2년 치 연봉에 해당하는 금액이다. 대출금을 받은 신혼부부가 5년 이내에 첫 자녀를 출산하면 무이자로 전환하고, 둘째 자녀를 출산 시 원금 일부 탕감, 셋째 자녀를 출산 시 원금을 전액 탕감해 주는 방식이다. 헝가리의 이 정책은 사실 히틀러의 나치 정권에 의해서 이미 독일에서 시행된 적이 있는 정책과 유사하다. 히틀러 집권 당시인 1930년대 초반 독일의 출산율은 1.5에 지나지 않았다. 히틀러는 독일 민족(아리아 인종)의 인구를 증가시키기 위해서 일종의 결혼 자금 대출법을 시행하였다. 신혼부부에게 결혼 비용을 한꺼번에 대출해 주는 제도인데, 아이를 한 명 낳을 때마다 1/4씩 탕감해서 4명을 낳으면 채무를 전부 면제해 주는 독특한 방식이었다. 그 결과 그 당시 독일의 혼인 건수와 함께 출산율도 상당히 늘어났다고 한다. 헝가리는 이 외에도 다양한 정책을 실행하는데, 한국외국어대 EU연구소에서 출간한 〈한국의 인구감소문제와 헝가리의 출산정책〉이란 연구서에 따르면 헝가리의 대표적 출산 정책들은 다음과 같다.

### 헝가리 정부가 2019년 2월 발표한 정책

① 평생 소득세 면제(4명 이상 아이 가진 여성 대상)
② 미래 아기 대출(아이를 낳기로 약속하면 대출)
③ 무이자 대출(40세 미만 초혼 여성 대상 최대 4,000만 원까지)
④ 대출이자 면제(5년 이내 1명 이상 자녀 출산 시 대출이자 면제)
⑤ 대출액 탕감(2명 이상 자녀 출산 시 대출액 1/3, 3명 이상 출산 시 대출액 전체 탕감)
⑥ 자동차 구매 비용 지급(3명 이상 자녀 있는 가정이 7인승 자동차를 구매할 경우 1,000만 원 지급)
⑦ 주거비 보조
⑧ 국영 시험관 시술 기관 무료 지원

나경원 부위원장은 우리나라의 경제 규모를 감안해서 헝가리에서는 4천만 원을 대출해 주지만 우리나라에서는 2억까지 대출해 주는 것을 제안했다. 신혼부부에게 2억은 자신의 가정을 만들고 아이를 가질 준비를 하기에 상당히 도움이 되는 금액이다. 그러나 대출금이기 때문에 이자와 더불어 언젠가는 갚아야 한다. 하지만 첫째 아이를 출산하면 무이자로 전환되고, 둘째 아이를 출산하면 원금이 일부가 탕감되고, 셋째 아이를 출산하면 원금이 모두 탕감된다. 2억을 대출받은 신혼부부들은 일단 무이자로 전환하기 위해서 서둘러 첫째 아이를 가지려고 노력할 가능성이 높다. 그리고 돈을 갚지 않기 위해서 둘째와 셋째까지 낳을 가능성이 상당히 높아질 것이다.

윤석열 전 대통령은 무슨 이유에서인지 별다른 논의나 숙고도 없이 나경원이 제시한 정책은 정부의 정책 기조와는 상당한 차이가 있는 포퓰리즘적 정책이라며 단호하게 거부했다. 하지만 예상되는 부작용과 재정문제 및 정치권력자들의 이해관계에도 불구하고 대한민국의 극단적 저출산 문제 해결에 도움이 된다면 헝가리식 정책의 도입에 대해서 진지한 논의가 필요하다고 나는 생각한다. 헝가리의 경우 정책을 발표하고 7개월 뒤인 2019년 9월 기준 전년 대비 혼인 건수가 20% 이상 증가했다. 출산율도 2019년 1.55명에서 2020년 1.56명, 2021년 1.58명으로 올라가고 있다. 개인적으로 선진국의 정책을 따라 하는 것은 반대이지만, 그렇다고 모든 정책을 다 거부할 필요는 없다고 생각한다. 헝가리의 저출산 정책은 진지한 논의가 필요한 정책이다.

이 정책이 시행되면 실질적으로 아이를 더 많이 출산하는 데 상당한 효과가 있을 것으로 생각한다. 하지만 다음과 같은 부작용도 예상될 수 있다. 만약 2025년부터 이 정책이 시행된다고 가정해 보자. 2025년부터 향후 10여 년 동안 출산율이 올라갈 수 있다. 그리고 이때는 한 아이만 낳고 그만두는 경우보다 두 명 혹은 세 명까지 낳는 경우가 더 많아질 것이다. 특히 세 자녀를 가진 가정이 많이 늘어날 수가 있다. 그 아이들이 어느 정도 자라서 자신의 부모에게 왜 자기를 낳았냐고 묻는다면 뭐라고 대답할 것인가? 국가로부터 빌린 돈을 갚지 않기 위해서 너를 낳았다고 대답해야 할까? 만약 특정한 시기에 세 자녀를 가진 가정들이 특히 많이 늘어난다면 그 또래의 아이들은 대출금 세대라는 별명을 가지게 될지도 모른다.

또한 나경원 부위원장의 제안대로 신혼부부에게 2억 원을 대출해 주기 위해서는 막대한 국가 재정이 투입되어야 한다. 나경원 부위원장은 약 12조 정도의 예산이 필요하다고 말했다. 현재 한국에는 한 해 약 20만 건의 혼인이 이루어지고 있는데, 이들 신혼부부가 모두 대출을 받는다고 가정하면 매해 약 40조 원의 재원이 필요하다. 2023년 대한민국 정부예산은 639조 원이다. 그중에 저출산 대응에 배정된 예산은 7.4조 원이다. 헝가리식 출산 정책의 시행이 결코 만만하지 않음을 알 수 있다.

## 다른 나라의 정책은 성공적인가?

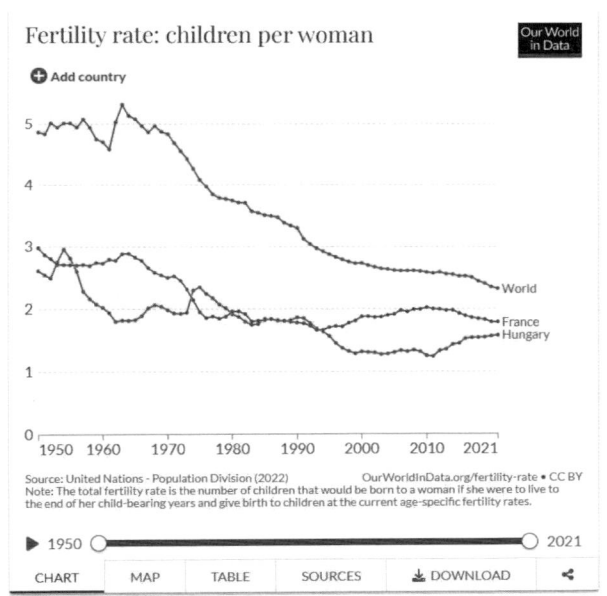

Our world in data, Global Change Data Lab,
https://ourworldindata.org/fertility-rate

위의 그래프에서 보듯이 프랑스의 출산장려정책은 어느 정도 성공한 정책으로 보인다. 우리나라를 비롯한 여러 나라에서 프랑스 방식을 연구할 뿐만 아니라 적극적으로 도입하고 있다. 그러나 프랑스의 출산장려정책이 정말 성공적인 정책인지에 대한 결론을 내리기에는 아직 이르다. 실제로 2010년 2.02까지 회복된 프랑스의 출산율은 그 후로 다시 매년 낮아지기 시작해서 2021년에는 1.79를 기록했다. 앞으로 프랑스의 출산율이 계속 낮아질지 아니면 유지될지는 더 두고 봐야 할 일이다. 더불어 적극적인 이민자 수용 정책이 초래하고 있는 또 다른 문제도 면밀한 연구가 필요하다. 이민자 출신 여성의 높은 출산율이 저출산율 개선에 도움이 되는 것은 부정할 수 없다. 하지만 그들이 프랑스 사회에 완전히 정착한 후에도 계속 높은 출산율을 기록할 것이라는 보장은 없다. 출산율은 인종의 문제가 아니라 그 인종이 현재 살아가는 사회의 복합적인 문제이기 때문이다. 또한 이민 2세대와 3세대 프랑스인과 원래 프랑스인 사이의 갈등이 프랑스 사회의 큰 문제가 되고 있음도 간과할 수 없는 점이다. 이민자 수용 정책으로 인한 출산율 개선에서 얻는 공익과 그로 인해 발생하는 여러 가지 사회적 문제를 같은 선상에 두고 비교 연구해야 한다.

헝가리 정부에 의해 2019년 2월에 발표된 출산장려정책의 효과는 즉각적으로 나타난 것으로 보인다. 2019년 11월, 헝가리 중앙 통계청(Központi Statisztikai Hivatal, KSH)에 의해 공개된 통계에 의하면, 2019년 9월 기준 전년 동 기간 대비 혼인 건수가 20% 이상 증가했는데, 이는 1989년 이후 최고 기록이다. 출산장려정책의 대상이 아이를 낳을 것을 약속하는 신혼부부이기 때문에 결혼을 하는 젊은이들이 늘어난 것으로 보인다. 헝가리 정부는 가족의 탄생이 자연스럽게 출산율 상승으로 이어질 것이라고 보고 있다. 다만 헝가리의 정책이 시행된 지 몇 년 되지 않았다는 점에서 그로 인한 출산율의 변화가 어느 정도인지, 얼마나 지속적인지 등을 판단하기에는 이르다고 할 수 있다. 실제로 헝가리의 출산율 추세를 보면 2011년 1.24명으로 최하점을 기록한 후에는 2018년 1.54명까지 서서히 높아지고 있었다. 파격적인 헝가리식 출산장려정책을 시행하기 전부터 출산율이 높아지고 있었다는 점에서 추가적인 연구가 필요하다.

## 한국의 고질적인 병

한국의 고질적인 병 중 하나가 무슨 문제가 발생하면 항상 선진국의 사례를 찾는 것이다. 한국의 전문가들은 알고 보면 선진국 전문가들의 앵무새에 지나지 않는다고도 할 수 있다. 일반 대중들 또한 국내보다는 선진국에서 공부한 전문가들의 권위를 더 인정할뿐더러, 선진국에서 성공한 정책은 일단 신뢰하고 수용하는 경향이 있다. 한국의 선진국 모방 심리는 그 뿌리가 참으로 깊어 마치 우리 민족의 DNA의 일부인 것처럼 여겨질 정도다.

그러나 역사를 돌이켜 보면 삼국시대와 통일신라시대, 그리고 고려시대까지만 하여도 한국의 선진국 따라 하기는 그리 심하지 않았다. 중국이라는 거대 강국과 교류를 하며 중국 문화의 상당 부분을 받아들

였지만, 고려시대까지만 해도 한국은 국제무대에서 독특한 개성을 가진 일원으로서 당당하게 참여했다. Korea라는 한국의 명칭이 고려시대에 형성된 것임을 봐도 알 수 있다.

하지만 유교를 국가통치 이념으로 삼은 조선의 건국 이후 한국은 주체성을 잃고 무조건적 중국 따라 하기를 본격적으로 시작하게 되었다. 조선 500년 동안 지속된 중국에 대한 엘리트 계층의 사대주의 역사는 대륙 세력으로부터 오랫동안 평화를 보장받는 시대를 열었다는 점에서 긍정적인 면도 있지만, 그로 인한 우리 민족의 주체성과 창의성, 진취성, 자주성, 자긍심의 왜곡과 손상은 너무나 컸다. 이 굴욕의 역사가 어떤 폐해를 가져왔는지는 세종대왕이 창제한 한글의 역사만 봐도 바로 알 수 있다.

한글은 인류의 역사에서 유례를 찾아볼 수 없는 독창적이고 자랑스러우며 위대한 발명이라고 확신할 수 있다. 사람이란 존재는 하늘과 땅 사이에 있다. 그리고 사람의 말은 입을 통해서 밖으로 나온다. 한글은 천지인 사상을 바탕에 깔고 사람의 입에서 나오는 말을 그대로 형상화하여 만든 인류 최초이자 유일한 문자이다. 세종대왕은 천지인 사상으로 한글의 모음을 만들었고, 사람이 말을 할 때 변하는 입과 혀의 모양을 그대로 형상화하여 한글의 자음을 만들었다. 한글 문자를 보고 그 모양대로 입과 혀를 움직이면서 공기를 내뱉으면 바로 우리 말이 된다. 한글은 누가 만들었는지 알 수 없는 전 세계의 대부분의 다른 문자와 달리 만든 사람이 명확히 밝혀져 있다는 점에서 지극히 인위적인 문자이면서, 동시에 소리를 내는 인간의 입과 혀를 형상화하여 만들었다는 점에서 가장 자연적인 문자이다. 또한 한국어를 공부하는 많은 외국인들의 사례에서 알 수 있듯이 한글은 익히는 데 하루도 걸리지 않을 정도로 쉬운 문자이다.

그러나 중국의 문자를 두고 우리 스스로 문자를 만들어 사용하면 안 된다는 조선시대 엘리트 계층의 도저히 이해할 수 없고 역겹기 짝이 없는 사대주의 사고방식에 의해 한글은 수백 년 동안 제대로 쓰이지 못하고 탄압받아 왔다. 한번 상상해 보라. 만일 조선의 엘리트 계층이 사대주의에 빠져있지 않고, 오히려 중국에 없는 것을 창조한 것을 자랑스럽게 여겼다면 어떻게 되었을까? 그 당시 조선에 있던 모든 책들이 한글로 번역되어 일반 백성들에게 보급되었다면 어떤 일이 일어났을까? 세계에서 가장 먼저 금속 활자를 발명한 나라인 조선에서 모든 책들이 한글로 번역되어 금속 활자로 출판되었다면? 그래서 조선의 백성들이라면 누구나 쉽게 책을 구할 수 있었고, 책에 쓰인 지식을 접하고 배울 수 있었다면 우리 민족의 역사는 어떻게 전개되었을까?

BBC, 타임즈, 워싱턴 포스트, 월스트리트 저널 등 세계 유수의 언론에서는 지난 1,000년 동안 인류 문화에서 가장 위대한 발명 1위로 금속 활자를 꼽았다고 한다. 높은 책값으로 인해 소수의 귀족과 학자들만이 정보를 독점하던 당시 금속 활자 인쇄술은 세계사를 뒤바꾼 위대한 발명이었다.

금속 활자 인쇄술이 발명되기 이전에 책은 직접 필사한 것이 아니라면 목판 인쇄술로 출판했다. 목판 인쇄술로 책을 인쇄하기 위해서는 책의 각 쪽을 목판에 하나씩 새겨야 했기 때문에, 책 한 권을 인쇄하기 위해서는 책의 쪽수만큼 많은 목판을 새겨야 했다. 팔만대장경을 생각해 보라. 다른 책을 발행하려면 또 그 책의 쪽수만큼 많은 목판을 다시 파내어 찍어야 했기 때문에 다양한 종류의 책을 출판하는 것은 사실상 불가능했다. 차라리 필사하는 것이 더 경제적이어서 책은 매우 비쌌고, 부자들과 학자들만이 책을 소유할 수 있었다.

하지만 금속 활자가 발명되고 출판업자들은 금속 활자 한 세트가 있으면 다양한 책을 한 번에 출판하는 것이 가능했다. 출판되는 책의 양이 급속도로 늘었고 가격은 저렴해졌으며, 보다 많은 사람들이 책을 사서 볼 수 있게 되었고, 인류 역사상 최초로 지식의 대중화가 이루어졌다. 지배계층이나 학자들뿐만 아니라 일반 서민들도 자신의 생각과 지식을 퍼트리는 것이 가능해졌다. 지식의 대중화는 새로운 생각을 폭발적으로 촉발했으며 그로 인해 인류 역사에 유례가 없는 큰 변화와 혁명이 발생했다. 서양 역사의 큰 획을 그은 역사적 사건들 즉, 르네상스, 종교개혁, 산업혁명, 시민혁명 등도 금속 활자 인쇄술이 없었다면 일어나지 못했을 수도 있다. 동양에 비해 미개했던 유럽의 여러 나라들이 선진국이 되어 세계 문명을 이끌게 된 것도 금속 활자의 발명과 그로 인한 지식 대중화의 결과였다고 해도 과언이 아니다.

우리나라는 고려시대에 이미 금속 활자를 발명했다. 프랑스 국립도서관에 보관되어 있는 직지심체요절은 세계 최초 금속 활자본으로 공식 인정되고 있다. 조선의 태종은 1403년에 주자소를 설치하여 다양한 금속 활자들을 개발하였다. 1407년에 조선 최초의 금속 활자인 '계미자'를 제작하였고, 세종 때인 1434년에 '갑인자'라는 금속 활자를 창조했다. 고려와 조선의 금속 활자는 서양의 요하네스 구텐베르크의 금속 활자 발명(1447년 무렵)보다 훨씬 앞선 발명품이다.

그러나 그 당시 우리나라의 문자는 한자였으며 금속 활자 또한 한자로 된 활자였기 때문에 아무리 글자당 한 개씩만 만들더라도 수천 종류의 활자가 필요했다. 책 한 권에는 당연히 중복되는 글자도 다수 있으므로 많은 종류의 책을 대량으로 인쇄하는 데는 어려움이 있었다. 그런 한계를 극복하고 대량 인쇄에 성공했다 하더라도 한자를 익히는 것 자체가 서민들에게는 너무나 많은 시간을 요하는 어려운 일이었기에 양반을 제외한 일반 서민들에게까지 책이 보급되기는 어려웠을 것이다. 이처럼 우리나라는 인류 최초로 금속 활자를 발명하였음에도 불구하고 한자라는 문자의 걸림돌에 막혀 끝내 지식의 대중화를 이루어 내지 못하였다.

하지만 한글은 단 24개의 서로 다른 활자만 있으면 된다. 세종대왕의 한글 창제 이후 한글이 조선의 공식 문자로 사용되었다면 사정은 완전히 달라졌을 것이다. 한문으로 쓰인 당대의 모든 서적이 한글로 번역되고 한글 금속 활자로 인쇄되어 출판되었다면 역사는 어떻게 달라졌을까? 조선의 모든 백성이 신분에 상관없이 누구나 저렴한 비용으로 한글로 된 책을 읽고 책 속의 지식을 활용하고, 나아가서 새로운 지식을 생산하고 기록하고 공유할 수 있었다면? 지금으로부터 500년 전에 조선의 모든 국민이 글을 읽고 쓸 수 있었으며, 그 결과 지식이 폭발적으로 증가하여 더 이상 농경사회가 아닌 지식 사회가 되었다면 조선은 어떻게 되었을까? 르네상스는 이탈리아가 아닌 조선에서 시작

되지 않았을까? 산업혁명은 영국이 아니라 조선에서 일어나지 않았을까? 민주주의는 미국이 아니라 조선에서 꽃피지 않았을까? 조선은 한글 창제 이후 100년 안에 세계에서 가장 부강하며 가장 문명이 발달한 나라가 되어 세계를 선도하지 않았을까? 어쩌면 일본도 중국도 조선의 식민지가 되었거나 아니면 조선을 범접할 수 없는 초강대국이자 선진국으로 여겨 숭배하지 않았을까? 나아가서 아메리카 대륙의 발견도 조선인에 의해서 이루어졌을지도 모르는 일이 아닌가?

하지만 조선의 사대주의는 그 당시 선진국이었던 중국의 것을 따라 하기에 급급했고, 한발 더 나아가서 지배계층들은 중국에서 하지 않은 것은 조선이 독자적으로 해서는 안 된다는 의식에 빠져 있었다. 그 결과 한글을 포함해서 우리 민족이 만든 세계 최초의 발명품들은 한국인 스스로에 의해서 폄하되고 핍박받고 사장되어 버렸으며, 한국은 언제나 중국을 따라 해야 살 수 있는 작고 힘없고 보잘것없는 나라로 전락하고 말았다. 한국의 고질적인 선진국 따라 하기 병은 조선 500년 역사 내내 이어졌고, 현재까지도 계속되고 있다. 다른 점은 그 대상이 중국 한 나라에서 미국, 일본, 유럽의 선진국으로 바뀌었다는 것뿐이다.

## 선진국의 조건

한국은 선진국인가?

선진국(先進國, advanced country, developed country)은 고도의 산업 및 경제 발전을 이룬 국가를 가리키는 용어로 그로 인해 국민의 발달 수준이나 삶의 질이 높은 국가들이 해당한다. 선진국으로 분류하는 기준은 모호한 경향이 있으나 경제 발달 여부가 주된 평가의 기준이 되고 있다. 2022년 11월 기준 대한민국의 1인당 GDP는 33,000달러에 달한다. 유엔 통계국(이하 UNSD)은 전 세계 국가들을 경제적 발전도를 기준으로 해서 통계적 편의를 위해 선진국과 개발도상국 중 하나로 분류하고 있다. UNSD의 분류는 유엔의 공식적인 입장에 해당하므로 어느 나라가 선진국이냐 개도국이냐를 따질 때 가장 많이 참고하는 분류이다. 2022년 5월 UNSD는 대한민국의 분류를 개발도상국에서 선진국으로 변경했다. 그보다 앞서 2021년 7월 유엔무역개발회의(UNCTAD)는 결정에 참여한 회원국들의 만장일치로 한국에 대해 선진국 지위를 인정했다. 유엔무역개발회의는 개발도상국의 산업화와 국제무역 참여 증진을 지원하기 위해 설립된 유엔총회 산하 정부 간 기구로서 195개 회원국으로 구성되어 있다. 한국이 1964년 처음 가입할 때는 개발도상국이 속해있는 A그룹에 속했는데, 2021년부터는 선진국인 B그룹에 속하게 된 것이다. 20세기 이후 개발도상국에서 선진국 그룹으로 지위가 변경된 나라는 세계에서 한국이 유일하다고 한다. 선진국 그룹은 미국, 캐나다, 영국, 프랑스, 독일 등 대부분 북미와 유럽 국가들로 구성되어 있으며, 아시아 국가 중에는 일본과 한국만이 속해있다. 그뿐만 아니라 한국은 또한 경제협력개발기구(OECD) 회원국이며, G-20 회원국이며, 개발 원조 위원회(DAC) 회원국이며, 파리클럽 정회원국이며, 국제 통화 기금(IMF)에서 분류한 선진 경제국 목록에도 포함되어 있다.

한국은 지난 반세기 동안 부유한 선진국들을 부러워하면서 끊임없이 선진국 대열에 합류하는 나라를 만들기 위해 노력해 왔다. 그동안 수많은 한국인이 선진국에서 살고 싶어 미국을 비롯한 다른 선진국으로 이민을 가기도 했다. 그리고 마침내 한국인은 대한민국을 선진국으로 만들었다. 사실 한국의 선진국 진입은 세계 역사에서 참으로 독특한 케이스라고 할 수 있다. 한국을 제외한 대부분의 선진국들은 제국주의를 통해 식민지를 착취하여 선진화를 달성한 국가들이다. 하지만 한국은 일제의 식민지 착취와 북한과의 전쟁으로 인해 아프리카의 가난한 나라들보다 더 가난한 최빈국이었다. 그러한 나라가 반세기 만에 선진국이 된 경우는 세계사에서 유례를 찾을 수 없을 것이다.

현재 대한민국은 세계무대에서 선진국으로 인정받는다고 할 수 있다. 하지만 한국은 정말 선진국인가? 왠지 한국인들은 한국이 선진국이라는 인식을 갖는 것을 아직 어려워하는 것 같다. 2021년 문화일보에 의해서 행해진 설문조사에 의하면 한국을 선진국으로 보는 비율은 20대는 64.0%에 달했지만, 30대는 52.6%에 지나지 않았다. 모든 객관적인 지표가 한국을 선진국이라고 말하고 있지만, 왜 절반에 가까운 한국인들은 한국을 아직 선진국이라고 보지 않는가? 그토록 부러워하던 선진국이 되었다고 전 세계가 인정하는데 왜 한국인들은 아직 스스로를 선진국에 살고 있다고 생각하지 못하는가?

한국인이 한국을 완전한 선진국으로 인식하기에 주저하는 데는 여러 가지 이유가 있을 수 있다. 우리 민족의 일원인 북한이 여전히 최빈국 상태에 머물러 있으며, 남북 간에는 아직도 종전조차 되지 않아 언제든지 전쟁이 다시 시작될 수 있다는 사실을 얘기할 수도 있고, 경제적 불평등이 심화되어 나라 전체의 경제는 발전했지만 일반 국민들이 체감하는 경제적 삶의 질은 나아지지 않았다는 점도 말할 수 있다. 하지만 내가 보기에 한국인들이 한국을 여전히 선진국으로 인식하기 어려운 이유는 다음의 2가지이다.

첫째, 한국인들은 행복하지 않다는 것이다. 지난 반세기 동안 선진국들을 부러워하면서 그토록 선진국이 되려고 노력한 이유는 무엇인가? 선진국이 되면 행복하게 살 수 있을 것이라고 생각했기 때문이 아니겠는가? 그리하여 마침내 선진국이 되었는데 행복해지기는커녕 가난했던 시절보다 더 불행한 것 같다. 그러니 어떻게 선진국이 되었다고 생각할 수 있겠는가? 국민이 행복하지 않은 나라를 어떻게 선진국이라고 부를 수 있겠는가? 한국인들은 스스로 행복하지 않다고 생각한다. 이 생각이 달라지지 않는 한 한국인은 한국을 선진국이라고 생각하지 못할 것이다.

둘째, 한국은 선진국을 여전히 따라 하고 있다는 점이다. 선진국이란 단순히 경제적으로 잘사는 나라를 의미하는 것이 아니다. 경제적으로 잘사는 나라를 선진국이라고 한다면 사우디아라비아를 비롯하여 GDP가 높은 여러 아랍 나라들도 모두 선진국이라 불러야 할 것이다. 선진의 사전적 의미는 문물의 발전 단계나 진보 정도가 다른 것보다 앞섬을 뜻한다. 선진국이란 말 그대로 앞서서 나아가는 나라를 말한다. 앞서서 나아간다는 것은 남을 따라 하지 않는다는 의미이다. 자신이 가장 앞에 있기 때문에 따라 해야 할 모델을 인정하지 않는다. 앞서서 나아간다는 것은 남들이 하지 않은 것을 최초로 시도한다는 것을 의미한다. 이미 남들이 시도한 것을 다시 하는 것은 결코 선진이 아니다. 아무도 가보지 않은 곳을, 그래서 길이 아직 생기지 않은 곳을 가야 한다. 내가 가야만 비로소 길이 되는 곳을 향해 발을 내딛는다는 것이다. 한 걸음이든 반걸음이든 앞서 걸을 때 비로소 선진이라고 할 수 있다.

아무도 가보지 않은 곳을 처음 가는 것은 두려운 일이다. 아무도 걸어보지 않은 곳에 발걸음을 내딛는 것은 위험한 일이다. 미지의 세계에 무엇이 기다리고 있는지 아무도 모른다. 그렇기 때문에 미지의 세계라고 불리는 것이다. 발을 딛는 순간 낭떠러지로 떨어질지도 모른다. 아무도 가보지 않은 곳을 먼저 가는 것은 계산적으로 생각해 봐도 별로 이익이 되지 않는다. 아무도 해보지 않은 것을 가장 먼저 시도했을 때 바로 성공적인 결과를 얻게 될 가능성은 극히 적다. 그것이 무엇이든 실패할 가능성이 훨씬 높다. 미지에 대한 많은 도전은 실패로 끝나고 심지어 도전했다는 사실조차 잊히는 경우도 있다. 인류의 역사를 보면 큰 진보나 혁명적인 도약은 수많은 선진적인 시도와 실패, 그로 인한 엄청난 희생 위에서 가능했음을 알 수 있다. 무수히 많은 선구적인 사람들의 끝없은 도전과 시행착오와 실패와 희생 끝에 비로소 성공과 발전이 이루어지는 것이다.

대부분의 경우 먼저 나아간다는 것은 결코 이익이 되는 행동은 아니다. 누군가가 먼저 가는 것을 지켜보고 아무런 문제가 없음을 확인한 후에 그 발자국을 따라가는 것이 현명하고 안전한 방법이다. 뒤따라가더라도 조금만 서두르면 앞서가는 자와 거의 보조를 맞출 수 있다. 앞서가는 자를 앞질러 가지는 못하겠지만 비슷한 선상에서 움직이는 것처럼 보일 수 있다. 따라서 미지에 대해 먼저 도전하는 것보다 한발 늦게 따라가는 것이 안전하며 비용적 측면에서도 현명하다. 하지만 따라 하는 나라는 결코 선진국이 될 수 없다.

미래는 미지의 시간이다. 미지의 시간 속으로 가장 먼저 나아가는 나라. 다른 나라가 먼저 가서 거기에 무엇이 있는지 알려주기를 기다리지 않고 내가 먼저 가보는 나라. 그래서 다른 나라를 이끌 수 있는 나라. 그런 나라가 진짜 선진국이다.

최진석 교수는 《탁월한 사유의 시선》이라는 책에서 소위 선진국의 철학을 수입하여 따라 하는 것에는 한계가 있다고 주장한다. 스스로 생각하지 않고 다른 사람의 생각을 받아들여 전파하는 것으로는 종속적인 삶밖에 살 수 없기 때문이다. 최진석 교수에 따르면 우리나라는 지난 반세기 동안 선진국 따라 하기로 선진국 대열에 진입했다. 선진국에서 수많은 시행착오를 거쳐 발명한 제품들을 우리는 모방해서 만들어 수출했다. 자동차를 모방했고 컴퓨터를 모방했고 TV를 모방했고 반도체를 모방했고 스마트폰을 모방했다. 선진국을 따라 하되 다른 어느 나라보다 더 열심히 더 빠르게 더 뛰어나게 따라 했다. 그 결과 이미 앞서간 선진국들에 의해 GDP 등 객관적 지표상 선진국 자격을 얻게 되었다. 그럼에도 불구하고 한국인들은 한국을 선진국으로 생각하는 데 어려움이 있다. 그것은 한국이 지금까지 줄곧 선진국을 따라 함으로써 발전해 왔음을 너무나 잘 알고 있기 때문이다. 한국을 대표하는 탁월한 제품들 가운데 한국에서 처음으로 발명되거나 시작된 것은 전무하다.

제품뿐만 아니라 한국의 법과 제도도 선진국들을 모방해서 만들었다. 한국의 민주주의도, 한국의 교육 시스템도 모두 선진국들의 것을 모방해서 세워졌으며, 지금도 계속 모방해서 수정하고 있다. 이렇게 모방을 통해 발전해 왔기 때문에 한국은 어떤 문제가 생기면 그 해결책도 선진국의 사례에서 찾으려는 경향이 있다. 한국에서 일어나는 모든 사회적 문제는 이미 선진국들에서 발생했으며 그에 대한 해결책도 선진국들에 있을 것이라는 관념이 한국 사회에 너무나 깊이 뿌리박혀 있다.

## 언제까지 선진국들의 정책을 모방만 하고 있을 것인가?

우리나라에서 시행하고 있는 출산장려정책의 대부분도 그 규모나 구체적인 적용 방식에서의 작은 차이는 있지만 대부분 선진국들의 정책을 짜깁기한 것이다. 한국의 전문가들은 끊임없이 프랑스, 일본, 스웨덴 등 선진국들의 사례를 연구하고, 선진국들의 정책을 한국에서 실행하기 위해 노력해 왔다. 그러나 선진국에서는 성공적인 것으로 보였던 여러 저출산 정책들이 한국에서는 불행하게도 대부분 실패로 판명

되고 있다. 한국의 초저출산은 세계에서 유례를 찾을 수 없는 현상이라고 입을 모으면서 그 해결책을 다른 나라에서 찾는다는 것은 완전히 모순이다. 세계 어느 나라도 유례를 찾을 수 없는 문제에 대한 해결책은 가지고 있지 않다. 그러므로 한국의 저출산 문제를 해결하기 위해서는 한국만의 방법을 과감하게 시행해야 한다. 물론 선진국에서 이미 성공한 정책들을 전부 무시할 필요는 없다. 특히, 헝가리에서 시행 중인 정책은 우리나라에 도입하여 시행한다면 상당한 효과가 있을 것이라고 나는 생각한다. 그러나 그것만으로는 우리나라의 극단적 초저출산 문제를 해결할 수는 없을 것이다. 그 정책들과 더불어 내가 제안하는 두 가지 정책을 시행한다면 우리나라는 저출산 문제를 해결할 수 있을 뿐만 아니라 제도적 측면에서도 세계를 선도하는 선진국의 대열에 당당하게 들어갈 수 있을 것이다. 현재 우리나라가 당면하고 있는 저출산 문제의 한국식 해결은 저출산 문제를 직면하고 있는 많은 다른 나라에 지침을 제공함으로써 한국이 진정으로 선진국이 될 수 있는 기회라고 나는 생각한다.

# 5장
# 왜 아이를 가지지 않는가

**과거에 인류가 아이를 많이 낳은 진짜 이유는 무엇이었나?**

 사실 엄밀히 말하면 옛날에 사람들이 많은 아이를 낳은 이유는 농경 사회라서 많은 노동력이 필요했기 때문이거나 노후에 자신을 부양해 줄 보장책으로서 많은 자식이 필요했기 때문이 아니었다. 피임법이나 낙태 기술이 발달하지 못했던 시대에 아이를 많이 낳은 진짜 이유는 그냥 자꾸 아이가 생겼기 때문이었으며 일단 아이가 생기면 낳을 수밖에 없었기 때문이었다. 현재와 같은 교육 시스템이 갖추어지기 전이었고, 학교 교육을 통해 배워야 할 지식도 많지 않았으며, 불평등한 신분 제도로 인하여 교육받을 수 있는 인원도 적었기 때문에 젊은이들은 대부분 20살도 되기 전에 결혼했다. 그리고 여성들도 대부분 결혼 직후부터 출산을 시작해서 자연적인 생산 능력이 없어질 때까지 무려 20년 이상 아이를 낳았다. 아이가 생기지 않게 성관계를 할 수 있는 방법을 알지 못했으며, 이미 생긴 아이를 낳지 않을 방법도 알지 못했기 때문에 원하든 원하지 않든 많은 아이를 낳을 수밖에 없었다. 아이를 낳지 않기 위해서는 성관계를 하지 않는 방법밖에 없는데 결혼한 부부가 성관계를 하지 않고 살기란 어려운 일이었다. 어쩔 수 없이 생기는 대로 아이를 낳았지만, 그렇게 낳은 아이는 노동력을 제공해 주었을 뿐만 아니라 노후에 부모를 부양해 주는 긍정적 역할을 했다. 더구나 아동 사망률도 높았고 평균 수명도 짧았기 때문에 아이를 많이 낳아도 인구의 급격한 증가는 이루어지지 않았다. 굳이 성관계를 하지 않으면서까지 아이를 적게 낳을 이유는 없었다.

　수만 년 동안 인류는 아이가 생기는 것을 막을 수도 없었고, 아이가 생기면 무조건 낳아왔기 때문에 사람이 어른이 되면 아이를 낳는 것은 너무나 당연하다는 관념을 자연스럽게 가지게 되었다. 성인이 된 인간이 아이를 낳는 것은 봄에 꽃이 피고 가을에 낙엽이 지는 것처럼 자연의 법칙으로 인식되었다. 자연의 모든 생물들도 성숙해지면 번식하는 것처럼 인간의 번식도 의문의 여지가 없는 자연의 법칙으로 여겨졌다. 거의 모든 문명에서 다산을 기원하는 의식이나 풍습이 존재했다. 아이를 적게 낳거나 낳지 않는 것은 자연의 법칙에 위배되며 사회적으로도 비난과 부끄러움의 대상이 되었다. 결혼하고도 아이를 가지지 못하면 치명적인 결함이 있는 것으로 여겨졌으며, 특히 한국의 경우 조선시대에는 결혼한 여자가 아들을 낳지 못하면 칠거지악이라는 제도에 의해 합법적으로 이혼당하는 경우도 있었다. 이처럼 성인이 아이를 낳는 것은 지극히 당연하며 또한 아이를 낳아야 비로소 가족과 사회의 구성원으로서 정당한 대우를 받을 수 있었다. 이러한 개념은 우리나라뿐만 아니라 오랜 시간 동안 지구상의 거의 모든 인간 사회에 보편적으로 존재해 왔다. 왜 아이를 낳아야 하는지는 이유를 물을 필요도 없었다. 이러한 생각은 인류의 역사만큼이나 오랫동안 인류와 함께했기 때문에 지금도 아이를 가진 부모들에게 왜 아이를 가지게 되었는지 물어보면 아이를 가지는 게 당연하기 때문에 가졌다는 대답을 흔히 듣게 된다.

배가 고프면 음식을 먹어야 하는 것은 선택의 여지가 없다. 음식을 먹지 않으면 죽을 수밖에 없기 때문에 음식을 먹을 것인지 먹지 않을 것인지는 선택의 대상이 아니다. 이러한 문제에 대해서는 '왜?'라는 질문은 의미가 없다. 굶주림 앞에서 '왜 음식을 먹어야 하지?'라는 문제로 고민하는 사람은 없다. 이처럼 선택의 여지가 없는 문제에는 이유도 없다. 물리학 법칙처럼 그렇게 되어 있기 때문이다.

## 아이는 선택의 대상이다

앞에서 말했듯이 배가 고플 때 음식을 먹을 것인지 먹지 않을 것인지는 선택의 문제가 아니다. 먹지 않으면 고통 속에서 죽을 수밖에 없기 때문에 생존을 위해서 무조건 먹어야 한다. 하지만 어떤 음식을 먹을 것인가 하는 것은 선택의 문제가 된다. 매 끼니마다 사람들은 선택을 한다. 밥을 먹을 것인지, 라면을 먹을 것인지, 얼마나 먹을 것인지, 어디서 먹을 것인지, 언제 먹을 것인지, 아니면 단식을 할 것인지 선택을 한다. 그리고 그 모든 선택의 순간순간에는 다 그 나름대로 이유가 있다.

인류가 20세기에 들어서자 콘돔, 먹는 피임약, 정관 수술 및 낙태 기술이 발달하게 되었고, 더불어 아이를 낳는 것이 무조건 따라야 하는 자연의 법칙이 아니라 선택의 문제가 되었다. 아이를 낳을 것인지 말 것인지, 낳는다면 언제 낳을 것인지, 몇 명을 낳을 것인지를 모두 선택할 수 있게 되었다. 심지어 남자아이를 낳을 것인지, 여자아이를 낳을 것인지조차 원한다면 선택할 수 있게 되었다. 서구 선진국에서 먼저 아이가 선택의 문제가 되었고, 지금은 아시아를 거쳐 아프리카까지 점점 선택의 문제가 되고 있다. 아이가 선택의 문제가 된 순간부터 인류의 출산율이 과거에 비해 줄어드는 것은 당연한 현상이라고 할 수 있다.

  아이를 낳아 기른다는 것은 많은 시간과 비용이 들어가며 무엇보다 여성의 희생을 요구하는 매우 어려운 일이다. 의료기술이 고도로 발달한 현대에도 출산의 과정에서 목숨을 잃는 산모가 여전히 존재할 정도로 임신과 출산은 매우 위험한 일이다. 무사히 아이를 낳아도 그 아이가 성인이 될 때까지 기르고 교육하는 것에는 많은 희생과 비용이 요구된다. 하지만 아이를 낳지 않는 것은 아무것도 하지 않는 일이기 때문에 본질적으로 매우 쉬운 일이다. 목숨을 걸어야 할 정도로 위험하며 엄청난 시간과 비용을 요구하는 어려운 일과 아무것도 하지 않는 쉬운 일 중에서 하나를 선택할 수 있다면 당신은 무엇을 선택하겠는가? 과거에는 선택의 여지가 없었기 때문에 많은 아이를 낳고 기를 수밖에 없었지만, 임신과 출산이 선택의 문제가 된 현대에 아이를 가지지 않거나 가지더라도 보다 적게 가지는 것을 선택하는 것은 자연스러운 일이다.

## 무엇을 선택할 것인가?

인간은 무언가를 선택할 때 항상 자신의 생존과 행복에 이익이 되는 것을 선택하려고 한다. 아이에 대한 문제도 마찬가지다. 20세기 이후부터 아이도 선택의 문제가 되었기 때문에 다른 모든 선택의 문제와 마찬가지로 아이를 가지는 것 역시 사람들은 자신에게 이익이 되는지를 고려해서 결정한다. 아이를 가지기로 선택한 사람은 그 선택이 자신을 더 행복하게 해줄 것이라고 판단하기 때문이다. 아이를 가지지 않기로 선택한 사람 역시 아이를 가지면 오히려 자신의 행복이 줄어들 것이라고 판단하기 때문이다. 그러므로 아이를 낳는 것이 무조건적인 자연의 법칙이 아니라 인간이 선택할 수 있게 된 후에 출산율의 감소는 당연한 현상이다. 사람들은 아이를 낳아야 할 이유와 낳지 말아야 할 이유를 신중하게 따져보고 자신에게 이익이 될 것이라고 판단되는 것을 선택한다.

물론 이익이 될 것이라고 생각해서 결정한 선택이 반드시 이익이 되는 것만은 아니다. 선택의 순간에 여러 가지를 고려해서 자신에게 이익이 될 것이라고 판단하지만, 시간이 지나서 보면 그 선택이 오히려 자신에게 손해를 가져다주는 경우도 상당히 많기 때문이다. 어떤 젊은이가 아이를 가지는 것이 자신의 행복에 이익이 되지 않는다고 판단해서 결국 아이를 가지지 않는 삶을 살기로 결정한다면 그것은 어쩌면 잘못된 결정이 될지도 모른다. 그래서 그는 나중에 자신의 결정을 후회하게 될지도 모른다. 그 반대도 마찬가지다. 하지만 그런 판단을 내리는 지금 현재의 시점에서 볼 때 그들이 그런 판단을 내리는 데는 합리적이라고 할만한 여러 가지 이유들이 있을 것이다. 한 나라의 합계출산율이 1명 이하로 내려간다는 것은 그 나라의 젊은이들 중에 과반 이상이 아이를 낳지 않는 것이 자신에게 더 이익이 된다고 판단함을 의미한다. 따라서 우리나라의 합계출산율이 0.7명에 불과하다는 사실이 의미하는 것은 무엇인가? 우리나라의 젊은이들 3명 중에 2명은 한국에서 아이를 낳아 기르는 것이 자신의 삶에 이익이 되지 않는다고 판단하고 있다는 증거이다. 한국의 젊은이들이 이렇게 판단하는 이유는 무엇인가?

## 둥지 없이 알을 낳는 어리석은 새는 없다

한국의 초저출산 문제의 원인들에 대해서 이미 많은 분석과 연구가 이루어졌다. 나는 이 책에서 그 원인들을 다시 심도 있게 논의하려고 하는 것은 아니다. 다만 한국의 젊은이들이 현재 한국에서 아이를 낳아 기르는 것이 자신의 삶과 행복에 이익이 되지 않는다고 판단한 근거에 대해서 몇 가지만 상기시키고자 한다.

저출산 문제의 원인 1순위로 흔히 꼽히는 것은 지나친 집값 상승이다. 2022년 12월 국토연구원에서 발표한 〈주택가격 상승이 출산율 하락에 미치는 동태적 영향 연구〉에 따르면 전년도 주택가격이 1% 상승할 경우 합계출산율은 0.002명 감소하는 것으로 나타났다. 그리고 한번 발생한 주택가격 상승의 충격은 그 영향력이 7년간 지속되며 주택가격 상승 충격이 발생한 5년 후 영향력이 가장 큰 것으로 추정되었다. 충격반응함수 추정 결과, 주택가격 1% 상승에 따라 7년 동안 합계출산율은 약 0.014명이 감소하는 것으로 분석되었다. 예를 들어 주택가격이 5% 상승했다면, 향후 7년간 합계출산율이 0.07명 감소할 것으로 기대할 수 있다는 것이다. 이처럼 주택가격 상승 충격이 발생하면 그 영향력은 일시적이지 않고 장기적으로 유지되며, 특히 주택가격 급등기에 그 영향력은 더욱 심화된다. 아래 그래프는 1997년부터 2021년까지 전국 아파트 매매가 추이를 보여주는 그래프다.

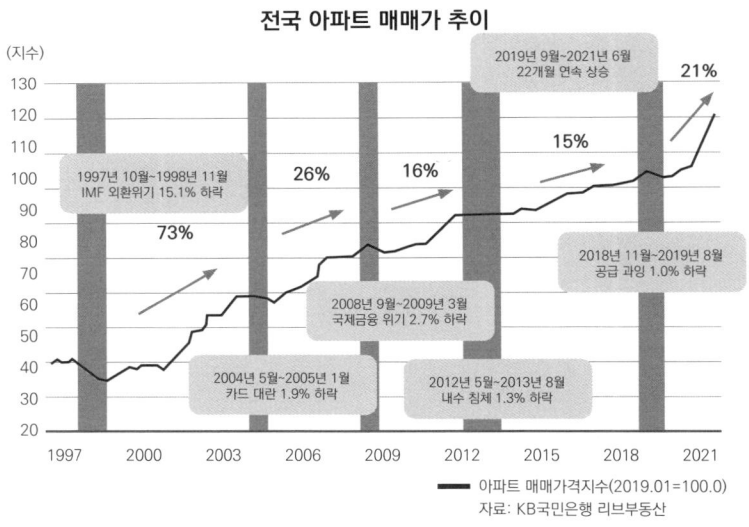

그래프가 보여주는 것처럼 전국 아파트 매매가는 수십 년째 끊임없이 오르고 있다. 물론 1960년대, 1970년대처럼 안정적인 주거가 확보되지 않았어도 아이를 많이 낳았던 시절이 있었다. 하지만 그때와

5장. 왜 아이를 가지지 않는가 123

지금은 안정적인 주거에 대한 젊은이들의 의식 수준이 완전히 다르다. 슬레이트 지붕의 벽돌집에서 연탄으로 난방을 하던 시절, 단칸방에 온 식구가 함께 사는 것이 보편적이었던 시절에는 그야말로 욕실도 없는 방 한 칸만 있어도 안정적인 주거로 충분했다. 하지만 지금은 더 이상 단칸방에서 신혼 생활을 시작하고자 하는 젊은이들은 없다. 어쩌다 단칸방에서 신혼 생활을 시작한다고 하더라도 열악한 주거 환경에서 아이를 가지는 것이 아이에 대해 죄를 짓는 무모한 짓이라고 생각하는 젊은이들이 많다. 특히 젊은이들의 수도권 집중 현상은 수도권의 집값을 단칸방조차 구하기 어려울 정도로 올려놓았다. 제대로 된 주거를 확보하지 못한 상태에서 결혼은 계획 밖의 일이며, 출산은 꿈도 꿀 수 없는 일이다.

새들은 알을 낳기 전에 둥지부터 만든다. 둥지를 만들기 전에 알을 낳는 어리석은 새는 없다. 오로지 본능에 의해서 살아가는 새들마저 둥지가 준비되어야 알을 낳는데, 하물며 전 세계에서 교육 수준이 가장 높은 한국의 젊은이들이 새보다 어리석은 선택을 할 리는 없지 않은가? 우리나라의 지나치게 높은 집값을 보면 20대 후반 혹은 30대 초반의 사회초년생들이 부모의 도움 없이 안정적인 주거를 확보하기란 불가능에 가깝다. 한국의 부모들은 할 수만 있다면 장성한 자녀의 주거를 확보해 주기 위해서 노후의 빈곤을 감수하면서까지 무리하게 자금을 지출한다. 한국의 젊은이들이 출산은 물론이거니와 결혼조차 하지 않으려는 것은 그들의 처지에서 봤을 때 지극히 합리적인 선택이라고 할 수밖에 없다.

## 아이는 저절로 자라지 않는다

저출산 문제의 원인 중 2순위로 꼽히는 것은 보육의 어려움이다.
어린이집이나 유치원 같은 보육 시설도 극히 드물어 아이를 맡길 곳이 거의 없었던 1960년대, 1970년대에도 아이를 많이 낳았다. 하지만 그때와 지금은 아이가 자라는 환경이 너무나 다르다. 60년대, 70년대에는 낳아서 먹이기만 하면 별다른 보육 시설이 없었어도 아이들은 잘 자랐다. 아이들이 종일 밖에 나가 놀아도 교통사고라도 날까 걱정할 일이 없었다. 그때는 골목이 아이를 보육했다고 해도 과언이 아니다. 나는 어린 시절에 아침에 눈만 뜨면 밖으로 나가 친구들과 어울려 종일 놀다가 해가 지고 어두워져야 집으로 돌아오곤 했다. 휴대폰도 없어 아이가 어디서 무엇을 하고 있는지 알 수 없어도 어느 부모도 걱정하지 않았던 시절이었다. 저녁 식사 시간이 되어도 들어오지 않으면, 그제야 극성스러운 몇몇 어머니들은 골목으로 나와 자신의 아이를 찾아다니곤 했다. 요즘은 안심하고 맡길 곳이 없어 아이를 낳을 수 없다고 하지만, 예전에는 아이란 어디에 맡겨야 하는 존재 자체가 아니었다. 마을 자체가 아이들에게 어린이집이었고 놀이터였으며 자연적인 보육 시설이 되었다. 더구나 지금처럼 여성의 사회활동도 활발하지 않았기 때문에 보육 문제가 아이를 낳지 않아야 할 이유가 되지 못하였다.

하지만 동네가 아이를 보육하던 시대는 끝났다. 특히 인구의 대다수가 극도로 복잡한 도시에 살고 있는 상황에서 부모의 동행 없이 아이를 집 밖에 내보낸다는 것은 매우 위험할 일이며, 경우에 따라서는 방임에 해당하는 아동학대 범죄가 되기도 한다. 예전에 골목이 하던 역할을 지금은 어린이집이나 유치원이 하고 있다. 맞벌이 현상이 보편화된 현재 빠르면 아이들은 생후 1년만 되어도 어린이집에 다닌다. 집에서 가까운 곳에 아이를 믿고 맡길 수 있는 어린이집이나 유치원이 있느냐 하는 것은 맞벌이 부부에게 가장 큰 현실적인 문제가 된다. 조부모의 도움을 받는 경우도 있지만 각 세대가 주거를 달리하는 것이 보편화된 현재에 쉽지 않은 일이다. 어린이집이나 유치원 보육 환경의 질적 수준이나 그곳에서 빈번하게 일어나는 아동학대 사건도 어린아이를 둔 부모에게는 엄청난 불안을 야기하는 문제가 되고 있다. 이러한 문제들을 해결한다 할지라도 갓 돌이 지난 아이를 엄마의 품에서 떼어 종일 다른 누군가에게 맡기는 것이 아이의 정서 발달에 어떤 영향을 미치게 되는지는 또 다른 문제가 아닐 수 없다.

보육의 어려움이 저출산의 원인이 되지 않기 위해서는 아이가 초등학교에 들어가기 전까지는 부모가 아이를 직접 보육할 수 있는 환경이 되는 것이 가장 이상적일 것이다. 그것이 불가능하다면 부모가 아이를 직접 보육하는 것과 비슷할 정도의 보육 환경이 사회적으로 보장되어야 한다. 앞에서 말했듯이 아이를 가지지 않는 것은 아무것도 하지 않아도 되기 때문에 굉장히 쉬운 선택이다. 하지만 아이를 가지는 것은 매우 위험하고 많은 희생이 요구되는 어려운 일이다. 그런 어려운 일을 선택해서 마침내 아이를 낳았기 때문에 그 아이의 소중함은 이루 말할 수 없다. 그렇게 소중한 아이를 절대적 보호와 보살핌이 필요한 유아기에 제대로 보육할 수 없다면 어떻게 아이를 낳아 기를 수 있겠는가?

## 경력을 지킬 것인가, 아이를 가질 것인가?

저출산의 또 다른 주요 원인은 여성들의 경력 단절 문제이다.

아무리 보육 환경이 과거보다 좋아졌다고 하더라도 지금의 출산은 여성의 경력 단절로 이어지기가 쉽다. 실제 아이의 출산이 여성들의 경력 단절로 이어지고 있음을 보여주는 통계는 많다. 과거에는 결혼하기 전에 경제 활동을 하던 여성들이라도 결혼 후 자녀를 가지면 경제 활동을 그만두고 자녀 양육에 집중하던 것이 일반적인 현상이었다. 물론 자녀가 어느 정도 자라면 그 여성들 중에 일부는 다시 경제 활동을 재개하기도 했다. 따라서 과거에도 출산으로 인한 여성들의 경력 단절은 있었다고 할 수 있지만, 고학력 여성들의 비율이 그리 높지 않았기 때문에 경력 단절이 심각한 사회적 문제가 되지는 않았다.

하지만 2009년 처음 여학생의 대학 진학률이 남학생보다 높아진 이래로 계속해서 고학력 여성의 비율이 남성을 넘어서고 있는 지금 여성의 경력 단절은 고급 인적 자원의 낭비뿐만 아니라 저출산의 주된 원인이 되고 있다.

2018년 10월 11일 파이낸셜뉴스지에 실린 기사에 따르면 여성 직장인 269명을 대상으로 구인 구직 매칭 플랫폼 사람인이 '경력 단절 두려움'에 대해 조사한 결과, 78.4%가 '두려움을 느낀다'고 답했다. 경력 단절에 대한 두려움을 느끼는 원인으로는 '출산'(55%, 복수응답)

과 '육아'(52.1%)가 나란히 1, 2위를 차지했다. 특히, 경력 단절이 되면 재취업이 불가능하다고 생각하는 비율은 45%나 됐다. 이런 불안감은 출산과 육아에도 영향을 미치고 있었다. 경력 단절을 막기 위해 출산 및 육아를 포기할 의향이 있다는 응답자가 무려 41.6%나 됐다.

2021년 12월 14일 통계청에서 발표한 〈인구동태 코호트 DB〉에 따르면 출산으로 인한 여성의 경력 단절이 실제로 어느 정도 일어나는지 알 수 있다.

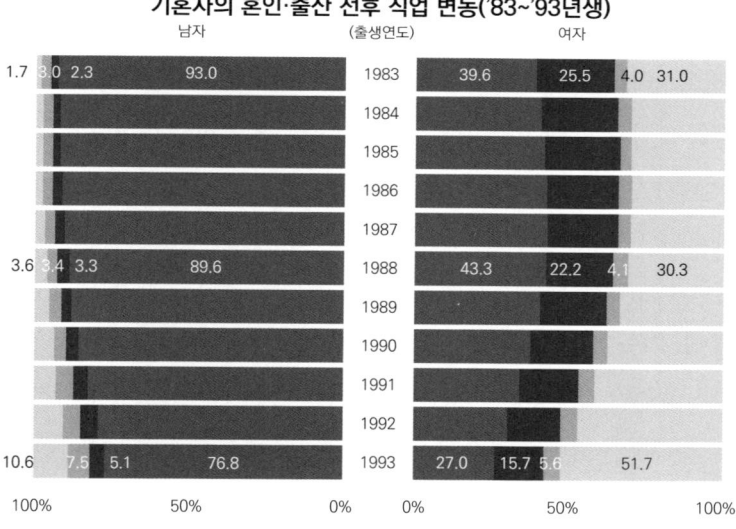

자료에 의하면 83년생 여자 중 혼인 시 직업이 있었으나 출산 시에 직업이 없는 비중은 25.5%이며, 88년생 여자의 경우에는 22.2%에 달했다. 여자 4명 중 1명은 출산으로 인해 직업이 없어진다는 의미다. 반면 남자의 경우에 출산으로 인해 직업이 없어지는 비율은 3%에 지나지 않았다. 이 자료는 출산에 의한 경력 단절의 대부분이 여성에게 일어나고 있음을 말해주고 있다. 현재 대학 교육을 받는 비율은 남성보다 여성이 더 높다. 남성과 여성의 성별 능력과 역할에 대한 인식이 옛날과 완전히 달라진 현대에 남성보다 더 높은 교육을 받은 여성들이 자신의 능력을 사장시키고 아이를 가지는 것을 선택하기란 쉽지 않다. 이처럼 높은 비율로 고등교육을 받은 여성들에게 매월 약간의 보조금을 주면서 경력 단절을 감수하고 출산과 육아를 하도록 기대하는 것은 시대착오적인 요구라고 하지 않을 수 없다. 아이와 경력 둘 중에서 선택을 강요당할 때 여성들이 경력 유지를 선택하는 것은 당연한 현상이라고 할 수 있다.

## 아이를 낳아 기르는 것은 인생의 적자를 야기한다

　양육 및 교육비용 또한 저출산 현상의 주요 원인으로 지목된다.
　대한민국의 출산율이 높았던 시절에 아이들은 운동화 한 켤레로 몇 년을 신었으며, 새 옷을 사는 일은 명절 때나 할 수 있는 연례행사였다. 모두 가난했기에 새 운동화나 새 옷이 없어도 큰 문제가 되지는 않았다. 아울러 1970년대만 해도 대학 진학률은 20%에 지나지 않았으니 교육비에 대한 부담이 아이 출산의 결정적인 요소가 되지도 않았다. 경제적으로 부유하지 못해도 아이를 키우는 데 들어가는 비용이나 시간이 그리 큰 부담으로 느껴지지 않았다. 굶기지만 않으면 부모로서의 기본적인 역할은 충분히 한 것으로 여겨지던 시절이었다.

하지만 2020년 11월 29일에 통계청에서 발표한 〈2020년 국민이전계정〉에 따르면 한국에서 아이 한 명을 낳아 26세까지 키우는 데 들어가는 비용이 6억 1,583만 원(개인 3억 4,921만 원, 정부 등 공공부문 2억 6,662만 원)이 든다고 한다. 2020년대에 아이 한 명을 낳아 성인이 될 때까지 기르고 교육하는 데 들어가는 비용이면 1970년대는 아이 열 명은 넉넉하게 키울 수 있었다. 그러므로 현재 아이 한 명을 낳아 기르고 있는 젊은 한국인 부부는 1970년대 아이 열 명을 낳아 기른 부부만큼이나 대단한 일을 하고 있다고 해도 과언이 아니다. 더구나 한국에서는 아이가 대학을 졸업한다고 해서 부모로부터 아이에게 들어가는 돈의 지출이 끝나는 것이 아니다. 성인 자녀가 결혼해서 완전히 독립된 가정을 이루기 전까지 부모의 지출이 계속 이어지는 것이 일반적인 관행이다.

이처럼 아이 한 명을 키우는 데 막대한 비용이 들어가지만 그 비용을 제대로 회수하는 경우는 극히 드물다. 성인 자녀가 경제 활동을 해서 늙은 부모의 부양에 어느 정도 보탬이 되는 경우도 있지만, 대부분의 경우에 계산을 해보면 아이를 키운다는 것은 완전히 적자가 나는 일이다. 아이를 키우는 데 들어가는 비용은 아이를 가지지 않으면 전혀 들어가지 않아도 되는 지출이다. 사회초년생인 청년들에게 '아이 한 명을 낳아서 대학 졸업 때까지 기르려면 3억 4,921만 원이 들어갈 것인데 감당할 수 있겠는가'라고 물어보면 자신 있게 대답할 수 있는 젊은이는 그리 많지 않을 것이다. 저렇게 큰돈이 들어갈 것을 미리 안다면 아마 상당수의 젊은이들은 차라리 아이를 가지지 않고 자신들의 삶을 즐기기를 선택할 것이다.

## 한국 정부의 산아제한 정책은 대성공했는데 출산장려정책은 왜 실패했는가?

앞에서 살펴본 원인 외에도 고질적인 수도권 집중화 등 한국의 저출산 현상의 원인으로 지목되는 것은 여러 가지가 있지만 여기서는 흔히 지목되는 4가지를 간략하게 살펴보았다. 한국 정부의 저출산 대책도 주로 저러한 문제들을 완화시키는 데 집중되어 왔다. 청년들의 주거 문제를 완화하고, 여성들의 경력 단절을 막으며, 육아의 어려움과 교육비 부담을 줄이기 위한 다양한 정책에 예산을 투입해 왔다. 그러나 안타깝게도 2006년부터 시작된 저출산 정책들은 출산율 반등을 전혀 이끌어내지 못했기 때문에 완전히 실패했다고 할 수 있다.

한국의 경우 1970년대부터 정부 주도로 강력한 산아제한 정책을 시행했고, 그 결과는 너무나 성공적이어서 1965년 5.63명이었던 합계출산율이 1990년대에는 1.5명대까지 떨어졌다. 이처럼 산아제한 정책이 성공할 수 있었던 이유는 정부 정책의 우수함 때문이라기보다는 피임법과 낙태술이 보급되어 아이를 선택할 수 있게 되었기 때문이다. 피임법과 낙태술이 보급되기 전에는 아이를 가지지 않는 것이 사람들에게 굉장히 어려운 일이었다. 젊고 건강한 남녀가 지속적으로 성관계를 하면 아이는 원하지 않아도 생기기 때문이다. 하지만 피임법과 낙태술이 보급된 이후부터는 아이를 가지지 않는 것이 오히려 쉬운 일이 되었다. 임신에 대한 걱정 없이도 얼마든지 성관계를 할 수 있게 되었고, 국가에서조차 아이를 적게 가지기를 권유하고 각종 혜택을 준다고 하니 산아제한 정책은 쉽게 성공할 수 있었다.

하지만 한번 떨어진 출산율을 다시 올리는 것은 결코 쉽지 않다. 아이를 가지지 않는 것은 피임만 하면 이루어지는 쉬운 일이 되었다. 하지만 아이를 가지는 것은 엄청난 비용과 희생과 위험을 감수해야 하는 매우 어려운 일이다. 쉬운 일을 하도록 설득하는 것은 쉬운 일이지만 어려운 일을 하도록 설득하는 것은 매우 어려울 수밖에 없다. 2005년부터 본격적으로 시작된 대한민국 정부의 출산장려정책이 지금까지 아무런 성과를 거두지 못하고 있는 것은 그 일이 본질적으로 지극히 어려운 일이라는 인식조차 없이 돈으로 해결하려고 해왔기 때문이다.

지난 20년 동안 대한민국 정부는 저출산 문제를 해결하기 위해서 막대한 재정을 투입했다. 2021년 7월에 발표된 감사원의 〈저출산·고령화 대책 성과분석〉에 따르면 정부는 저출산·고령화 현상에 대한 위기의식을 바탕으로 '저출산·고령사회 기본계획'을 수립하고, 이를 추진하기 위해 2006년부터 2020년까지 15년간 380.2조 원의 예산을 투입하였다. 2022년 현재까지 투입된 예산을 더하면 400조를 훨씬 넘어선다. 하지만 그 성과는 지극히 미미했으며, 정책이 시행되는 내내 출산율은 계속 하락하여 2021년에는 0.81명으로 떨어졌으며, 2022년에는 또다시 그 기록마저 깨고 0.78명으로 떨어졌다. 지금도 여전히 많은 재정을 투입하여 여러 정책을 시행하고 있지만 그 효과에 대해서는 아무도 확신하지 못하고 있다.

지난 20년 동안 대한민국 정부에 의해서 실시된 저출산 정책의 실패는 단순히 출산율의 향상을 이루어내지 못한 것으로만 끝나지 않는다. 400조라는 엄청난 예산을 투입하고도 출산율을 0.01%도 올리지 못한 정책의 실패는 인구 문제를 해결할 능력이 대한민국 정부에 없다는 인식을 국민에게 심어주고 있으며, 향후 어떤 정책을 내어놓아도 도움이 되지 않을 것이라는 냉소적인 반응을 피할 수 없게 만들었다. 그와 더불어 인구 문제는 인위적으로 개선할 수 없는 불가항력적인 문제라는 인식마저 심어주게 되었다. 정부 정책의 실패를 지켜보고 그 이유를 연구하는 관련 전문가들마저도 대한민국의 출산율 증가는 불가능한 것 같으니 이제 국민들은 저출산 고령화 사회를 피할 수 없는 것으로 받아들이고 이에 적응할 수밖에 없다는 패배 의식을 드러내고 있다.

## 지극히 어려운 일을 성공하는 것은 지극히 어렵다

대한민국의 인구 문제는 과연 해결 불가능한 것인가? 대한민국은 세계에서 가장 빠르게 인구가 줄어들고, 가장 빠르게 늙은 나라가 될 것이며, 지구에서 가장 먼저 자연 소멸하는 국가가 될 것인가?

물론 나는 그렇게 생각하지 않는다. 내가 그렇게 생각한다면 이 책을 쓸 이유도 없다. 다만 우리는 다음의 사실을 확실하게 인식해야 한다. 아이를 낳는 것이 선택의 문제가 된 이후로 한 개인에게 아이를 낳지 않는 일은 아무것도 하지 않는 일이기 때문에 매우 쉬운 일이지만, 아이를 낳아 기르는 일은 비교할 수 없을 정도로 어려운 일이다. 한 국가의 경우도 마찬가지다. 대한민국의 출산율이 0.7명까지 떨어지는 것은 매우 쉬운 일이었지만, 이렇게 떨어진 출산율을 다시 끌어올리는 일은 지극히 어려운 일이다. 우리나라의 산아제한 정책이 성공한 것은 그것이 본질적으로 성공하기가 쉬운 것이었기 때문이며, 저출산 대책이 실패한 것은 그것이 본질적으로 성공하기가 지극히 어려운 것이기 때문이다.

아이를 가지지 않고 자신의 인생을 즐기는 것은 쉬운 일이다. 많은 위험과 엄청난 비용과 평생 지속될지도 모르는 희생을 감수하면서 아이를 낳아 기르는 것은 매우 어려운 일이다. 이토록 어려운 일을 할 것을 선택하려면 그것이 나의 삶에 확실한 이익이 된다고 판단할 수 있어야 한다. 아이를 낳아 기르는 것이 아이를 가지지 않는 것보다 확실히 나의 인생에 이익이 된다는 판단을 우리나라의 젊은이들이 내릴 수 있도록 우리 사회를 바꿔야 한다. 참으로 어려운 일이 아닌가? 지극히 어려운 일을 쉽게 성공시키지 못하는 것은 당연하다. 따라서 지금까지 성공하지 못했다고 해서 좌절하거나 포기해서는 안 된다. 지극히 어려운 문제를 해결하기 위해서는 지극히 어려운 결정을 내려야 한다. 결정을 늦추면 늦출수록 문제는 더욱 깊어지고 해결의 가능성은 줄어든다. 저출산 문제는 대한민국이 당면하고 있는 그 어떤 문제보다 더 해결하기 어려운 일이라는 인식하에 정책을 수립하고 시행해야 한다. 안일하게 선진국의 사례만 연구해서는 안 된다. 세계에서 유례를 찾을 수 없는 초저출산에 대처하기 위해서는 세계에서 유례를 찾을 수 없는 정책을 개발하여 과감하게 시행해야 한다.

　인생의 마지막 시기인 노인들과 인생의 시작 시기인 아이들의 행복을 보장하는 정책만이 저출산 문제 해결의 기본이 될 수 있다.

# 6장
# 왜 아이를 가져야 하는가

사실 아이를 가지지 않는 것은 현재 상태에서 추가로 무엇을 더 하는 것이 아니다. 아이가 없는 상태 그대로 그냥 계속 사는 것이기 때문에 뭔가를 더 하는 것이 아니라 그냥 아무것도 하지 않는 것이다. 아무것도 하지 않는 것은 현재 상태가 지속되는 것이며 어떤 변화가 생기는 것이 아니다. 아무런 변화도 없는데 이유를 묻는 것은 합리적이지 않다. 그러므로 '아이를 왜 가지지 않는가'라는 질문은 잘못된 질문이다. 오히려 '아이를 왜 가져야 하는가'라고 묻는 것이 합리적이다.

아이를 가진다는 것은 참으로 많은 일을 해야 하는 엄청난 일이다. 아무것도 하지 않는 일과 비교할 수도 없는, 아예 비교 자체가 되지 않는 실로 엄청난 일이다. 한 여성이 아이를 가진다는 것은 아이를 임신한 순간부터 최소 몇 년간은 모든 생활의 중심이 아이가 되는 삶을 살아야 한다는 것을 의미한다. 실제로 그 시간은 몇 년이 아니라 몇십 년이 될 수도 있다. 무엇보다 아이를 가진다는 것은 그 아이에 대해 책임을 진다는 것이다. 그 책임은 아이가 성인이 될 때까지 지속되며, 경우에 따라서는 평생 지속된다고 할 수도 있다. 인간이 일평생 살아가면서 행하는 수많은 일 중에 아이를 가지는 것만큼 엄청난 일은 사실상 없지 않을까?

인간이 하는 행동에는 모두 이유가 있다. 음식을 먹거나 잠을 자는 행위처럼 자연의 법칙에 속하는 것은 생존을 위해 무조건 해야 한다. 하지만 하지 않아도 생존에 상관없는 행동을 한다면 그에 합당한 이유가 있어야 한다. 아이를 가지는 것이 더 이상 자연의 법칙이 아닌데 인간은 왜 자발적으로 이런 엄청난 일을 해야 하는가?

## 우리는 왜 아이를 갖는가?

앞에서 말했듯이 아이를 가지는 것은 막대한 대가를 치러야 하는 지극히 어려운 일이다. 특히 여성들은 더 많은 희생을 감수해야 한다. 경우에 따라서 자신의 생명까지 잃을 수도 있다. 건강한 여성도 임신과 출산으로 인해 많은 신체적 변화를 겪기도 한다. 임신으로 인해 늘어난 뱃살, 제왕절개를 할 경우 생기는 상처, 피부의 변화 등은 일반적이며, 탈모나 흰머리 증가, 생리 불순, 호르몬의 급격한 변화 등도 흔히 일어난다. 무사히 아이를 낳았다 하더라도 수년간 아이에게 젖을 먹여야 하고 건강하게 자라도록 보살펴야 하며, 그 아이가 성인이 될 때까지 교육을 해야 한다. 이처럼 아이를 가지는 것은 엄청난 시간과 희생과 노동과 비용이 수반되는 어려운 일이다. 그럼에도 불구하고 사람들은 왜 아이를 갖는가? 누가 강제로 시키는 것도 아닌데 그 힘든 일을 왜 스스로 하는 것인가? 이 물음에 대한 진지한 탐구 없이 그저 돈만 많이 주면 여성들이 아이를 가질 것이라는 정부의 정책은 지극히 얕을 수밖에 없으며 성공하기도 어렵다.

## 선택의 근거

인간으로 살아가면서 무조건 해야 하는 일이 있다. 생명을 유지하기 위해서 음식을 먹고 잠을 자고 추위나 더위로부터 몸을 보호하는 일은 무조건 해야 한다. 이처럼 무조건 해야 하는 일에 대해서는 왜 그 일을 하느냐에 대한 물음 자체가 무의미하다. 그 일을 하지 않으면 더 이상 생을 유지할 수 없기 때문이다.

하지만 인간으로 살아가면서 해도 되고 하지 않아도 되는 수많은 일이 있다. 예를 들면 공부는 반드시 해야 하는 일인가? 그렇지 않다. 공부는 해도 되고 하지 않아도 되는 일 중에 하나다. 21세기 대한민국에서 태어난 사람들은 대부분 초중고등학교를 다니면서 공부를 한다. 그들 중에 80%가 대학을 간다. 그래서 공부는 당연히 해야 하는 것으로 인식되지만 사실은 그렇지 않다. 대부분의 사람이 농업에 종사하던 과거에는 고등교육을 받을 필요가 없었다. 부모나 이웃 사람들과 함께 농사를 짓다 보면 자연스럽게 농사를 짓는 방법을 터득하고, 생계에 필요한 능력을 갖출 수 있었기 때문이었다. 지금도 찾아보면 특정 직종에 따라서 초등학교 교육만 받아도 훌륭하게 할 수 있는 일은 얼마든지 있다. 공부를 할 것인가, 하지 않을 것인가? 대학을 갈 것인가 가지 않을 것인가? 이런 것은 선택의 문제이며, 모든 선택에는 합당한 이유가 있어야 한다. 만약 누군가가 공부를 하고 대학에 가기로 선택한다면 그것은 그 선택이 자신에게 이익이 될 것이라고 판단하기 때문이다.

아이를 갖는 것도 마찬가지다. 한 인간이 일생을 살면서 직면하는 수많은 선택의 문제 중에 아이만큼 중요한 선택의 문제는 없다. 삶에 있어서 가장 중요한 선택에 직면했을 때 우리는 어떻게 하는가? 보통 뭔가를 할 것인지 말 것인지를 선택해야 할 때 우리는 어느 것이 나의 삶에 더 이익이 될 것인지를 계산하여 선택한다. 그 계산이 맞았는지 틀렸는지는 또 다른 문제이긴 하지만, 선택은 항상 그 순간의 계산에 의해서 이루어진다. 아이의 경우도 마찬가지일 것이다.

아이를 갖는 것이 아이를 가지지 않는 것보다 나의 삶에 더 큰 이익을 준다고 판단할 때 우리는 아이를 가지는 선택을 한다. 반대로 아이를 가지지 않는 것이 아이를 가지는 것보다 더 이익이라고 계산하면 아이를 가지지 않는 선택을 한다. 점점 더 많은 한국의 젊은이들이 아이를 가지지 않는 것을 선택하는 이유는 아이를 가지지 않는 것이 자신들의 삶에 더 이로울 것이라고 판단하기 때문이다.

## 아이를 가지는 것이 더 이로운가?
## 아이를 가지지 않는 것이 더 이로운가?

물론 아이를 가지는 것이 더 이로운가? 아이를 가지지 않는 것이 더 이로운가? 하는 문제는 그 선택을 내리는 개인의 입장에서 영원히 정답을 알 수 없는 문제이다. 왜냐하면 결국 우리는 두 가지 선택 모두를 살 수는 없기 때문이다. 아이와 함께하는 삶이든, 아이가 없는 삶이든 둘 중에 한 가지만 살아야 하기 때문에 인생이 끝날 때가 되어도 어느 선택이 더 이로운 것이었는지 단정적으로 결론을 내릴 수 없다. 단지 아이를 가지지 않는 삶이 더 이로울 것이라고 계산하는 젊은이들이 갈수록 더 많아지고 있으며, 그 결과로 한국의 저출산이 갈수록 심각해지고 있다고 말할 수 있다.

그러므로 한국의 저출산 현상을 극복하고 인구절벽을 막기 위해서는 출산 가능 연령의 젊은이들이 아이를 가지는 것이 자신의 삶에 더 이로울 것이라는 생각을 하도록 해야 한다. 가임기의 젊은이들이 아이를 가지는 것이 자신의 삶에 더 이로울 것이라는 계산은 어떻게 내려질까? 여기서 이롭다는 것은 경제적 이익이나 사회적 이익만을 얘기하는 것은 아니다. 한 인간의 삶에 존재하는 모든 면에서 다각적으로 이로움을 따져 계산했을 때 아이를 가지는 것이 내 삶에 더 이로운 것이라는 계산이 이루어져야 한다.

현재 3명의 아이를 낳아서 키우고 있는 나는 아이를 가지는 것이 더 이롭다고 생각한다. 아이를 가지지 않은 삶을 살아보지 않았기 때문에 아이를 가지는 것이 더 이롭다는 나의 결론은 주관적이다. 아이를 가지지 않고 사는 사람들은 아이가 없음으로써 얻게 되는 많은 이로운 점을 설파할 수 있다. 잠깐만 생각해 봐도 경제적 이로움, 시간적 이로움, 자기가 원하는 대로의 삶을 살거나 자신의 꿈을 실현하는 데 있어서의 여유, 자유로움 등 상당히 많은 이로운 점들이 있을 수 있다. 그러한 수많은 이로움을 포기하면서 나는 아이를 가지기로 선택했다. 물론 아이를 가질 당시에 유불리를 수학 문제 풀듯이 신중하게 계산한 것은 아니지만 나도 모르게 무의식적으로 아이를 가지는 것이 더 나을 것이라고 계산했을 것이다. 그리고 현재 나의 아이들이 커가고 있는 것을 보면서 나는 아직까지는 나의 선택이 잘한 선택이라고 생각하고 있다.

## 아이를 가지는 것은 이기적 행동이다

아이를 위해 아이를 가지는 부모는 없다. 물론 아이를 낳고 나면 일반적으로 부모는 자신의 아이를 향해 매우 이타적으로 행동한다. 부모는 아이를 위해서 많은 양보와 희생을 한다. 부모의 일상은 아이를 중심으로 돌아가기 시작한다. 때때로 아이를 지키기 위해 자신의 생명을 희생하는 부모도 있다. 하지만 그것은 아이를 낳고 난 후의 얘기다. 아직 세상에 존재하지 않는 비존재인 아이를 위해서 아이를 가지기로 선택하는 부모는 없다. 자신의 아이에게 이 세상에 태어나기를 원하는지 물어보고 출산하는 부모도 없다. 세상에 태어나기를 원해서 태어나는 아이는 한 명도 없다. 아이를 출산하는 순간 우리는 아이를 가지지만, 그 아이 또한 특정한 사람을 자신의 부모로 가지게 된다. 하지만 그 아이가 자신을 부모로 가지는 것에 대해서 동의하는지 물어보고 출산하는 부모 또한 없다. 적어도 출생에 있어서 아이에게 어떠한 결정권도 없다.

태어나기 전에 태어날 것인지 선택할 수 있다면 많은 아이가 태어나지 않는 것을 선택할지도 모른다. 아이가 태어나서 살아갈 세상에 대한 정보가 충분히 주어진다면, 특히 어떤 사람들이 자신의 부모가 될지, 어떤 외모를 가지고 태어나게 될지, 어떤 능력을 가지고 태어나게 될지, 어떤 형제자매가 존재하게 될지, 자신이 속하게 되는 가정의 경제적 수준이 어떠할지, 자신이 살아가게 될 사회의 환경이 어떠할지 등에 대한 정보가 충분히 주어진다면 아마 상당수의 아이들이 존재하지 않는 것을 선택할지도 모른다. 일단 이 세상에 태어난 대부분의 아이들은 자신을 낳아주고 길러준 부모를 사랑하고 부모에게 감사하는 마음을 가지지만, 이는 선택권이 없는 상황에서 어쩔 수 없이 받아들여야 하기 때문인지도 모른다. 정작 감사해야 할 사람은 아무런 선택권도 없이 태어난 아이가 아니라 동의도 받지 않고 그 아이를 자신의 아이가 되도록 만든 부모여야 할 것이다.

　부모들은 자신의 아이들을 향해 이런 마음을 가져야 한다.
　"네가 이 세상에 태어나기를 원하는지, 네가 나를 너의 부모로 받아들이기를 원하는지 너에게 물어보지도 않고 너의 부모가 된 것에 대해서 나는 미안하고 두렵다. 그 미안함과 두려움으로 인해 나는 최선을 다해 좋은 부모가 되려고 한다. 너의 동의 없이 너의 부모가 되었지만 '엄마 아빠가 나의 엄마 아빠라서 참 좋다'라는 말을 너에게 들을 수 있도록 나는 끝없이 노력할 것이다. 그것이야말로 나의 이기적 선택에 대한 책임을 지는 길이기 때문이다."
　이 세상의 부모들이 아이를 가지는 것은 부모 자신의 행복을 위해서

이지 아직 존재하지 않는 아이를 위해서가 아니다. 사람이 아이를 가지는 것은 부모와 아이만을 대상으로 생각해 볼 때 오로지 부모 자신을 위한 이기적 행동이다.

## 부모들은 왜 아이를 가지는 이기적 행동을 하는가?
### – 자신의 행복

우리는 아이를 가지는 것이 자신에게 행복을 줄 것이라고 상상한다. 작고 어리고 사랑스러운 아이의 얼굴을 마주 보고 그 솜털처럼 가벼운 아이를 품에 안는 것이 자신을 무한히 행복하게 해줄 것이라고 상상한다. 그리고 그 상상은 대개의 경우에 옳았다는 것이 드러난다. 실제로 아이를 가지기 전에 부모가 상상했던 것 이상의 행복을 아이는 가져다주기 때문이다.

막 걷기 시작한 아이가 엄마의 손을 뿌리치고 혼자서 뒤뚱거리며 걸어가는 뒷모습을 바라보는 것, 그 위태위태한 움직임 속에 존재하는 완벽한 아름다움은 자신의 아이를 키워보지 않은 사람은 영원히 볼 수 없다. 산책을 나갔다가 지친 아이를 목마 태우고 집으로 돌아오는 도중에 아빠의 목 위에 앉아서 그대로 잠이 든 아이를 깨우지 않고 침대에 내려놓을 때의 조심스러움은 인생에서 진정 소중한 것이 무엇인지, 모든 것을 희생하더라도 지켜야 할 것이 무엇인지에 대한 깊은 감동을 준다. 4살짜리 아이가 회사에서 일하는 아빠에게 전화를 걸어 "아빠, 아이스크림 먹고 싶어. 집에 올 때 아이스크림 사 와"라는 말을 한다면, 그 말을 기억했다가 퇴근길에 가게에 들러 아이스크림을 사는 아빠의 마음은 행복으로 가득 찬다.

아이를 가지지 않은 사람은 그 깊이를 알 수도 없고, 느낄 수도 없으며, 이해할 수도 없는 이 작고 사소하면서도 부모의 일상을 가득 채우는 충만한 행복을 아이는 매 순간 선사한다. 평생 아이를 가지지 않은 사람은 그러한 행복이 존재한다는 것조차 모르고 인생을 살게 될 것이다. 아이를 키우면서 경험하게 되는 순간순간의 행복은 시간의 흐름 속에 끝없이 묻혀버리지만, 그 순간들을 다 모은다면 부모가 자신의 아이로부터 받는 행복의 양은 우주를 가득 채우고도 남을 것이다. 아이를 가지는 것은 아이를 위해서가 아니라 부모 자신의 행복을 위해서이다. 아이를 가지는 것은 지극히 이기적인 마음에서 비롯된다.

지금 이 시대를 살아가는 젊은이들이 아이가 가져다줄 행복은 생각하지 못하고, 아이가 있음으로써 감당하게 될 어려움만을 생각하여 아이가 없는 삶을 선택하는 것은 충분히 이해가 된다. 아이를 직접 낳아 길러보지 않고 어떤 행복이 있을지는 알 수 없지만, 아이를 가졌을 때 감당하게 될 시간적, 경제적, 육체적, 정신적 비용은 충분히 예상할 수 있기 때문이다. 한쪽에 예상할 수 없는 행복을 두고 다른 한쪽에 예상할 수 있는 비용을 둔다면, 그 무게는 당연히 예상할 수 있는 쪽으로 쏠린다. 하지만 아이를 낳아 길러본 나의 입장에서 말하자면, 그 모든 시간적, 경제적, 육체적, 정신적 비용을 다 합친다 하더라도 아이가 생후 1년간 부모에게 가져다주는 가슴 벅찬 행복의 양을 초과하지는 못할 것이다.

나의 말이 사실인지 여러분의 부모에게 물어보라. 여러분이 이미 성인이 되었다면 여러분의 부모님들은 여러분이 아이였을 때 느꼈던 행복을 이미 상당 부분 망각하고 있을지도 모른다. 그래도 여러분의 부모에게 숨김없이 솔직하게 대답해 달라고 하면서 한번 물어보라. 여러분을 키우느라고 들어간 물질적, 정신적 비용과 여러분을 가짐으로써 얻은 행복 중 어느 것이 더 컸는지를.

## 부모들은 왜 아이를 가지는 이기적 행동을 하는가?
### – 인생의 의미

아이를 가진다는 것은 그 아이의 동의를 구하고 행한 일은 아니지만, 이 세상에 하나의 생명을 창조하는 신성한 행동이다. 인류의 역사를 보면 우리는 인간이라는 존재가 얼마나 위대한 존재인지를 알 수 있다. 지상의 모든 땅을 정복하고, 대제국을 건설하고, 자연의 법칙을 발견하고, 무수히 많은 물건들을 발명해 내고, 수많은 질병을 고치며 인간의 수명마저 연장시키고 있다. 하지만 아무리 위대한 일을 행한다 할지라도 인간은 아직 생명을 창조하지는 못한다. 그리고 인간이 하는 그 어떤 위대한 일이라도 생명을 창조하는 것보다 더 위대할 수는 없다. 왜냐하면 생명을 창조하는 일은 신이 있다면 오로지 신만이 할 수 있는 일이기 때문이다. 그런데 사람은 아이를 가짐으로써 너무나 쉽게 하나의 생명을 이 우주 안에 창조한다. 그리고 그 일이 너무나 쉽기에 우리는 아이를 가지는 일의 신성함에 대해서 생각하지 못한다.

　이 넓고 광대한 우주 속에 이루 헤아릴 수 없이 많은 생명체와 사물들이 존재하지만 그 어떠한 것도 나의 존재와 무관하게 존재하고 있다. 모래 한 알조차도 나의 존재와 무관하게 존재하고 있다. 내가 존재하기 전부터 이 우주 속의 모든 것은 이미 존재했으며 내가 떠난 뒤에도 티끌 하나 변화 없이 그대로 존재할 것이다. 나는 우주 속에서 살아가지만 우주의 모든 존재는 나와 철저하게 무관하다. 내가 있음으로써, 나의 존재가 원인이 되어서 새롭게 존재하게 된 것은 이 우주 속에 아무것도 없다. 인간은 우주 속에서 살아가지만 철저하게 우주와 단절된 존재이다.

　하지만 내가 아이를 낳는다면 우주와 나의 관계는 완전히 달라지게 된다. 아이를 낳는 순간부터 이 우주 속에는 내가 원인이 되어 존재하게 된 존재가 실존하게 된다. 내가 없으면 존재할 수 없는 유일한 존재가 나의 아이이다. 아이를 낳는 순간부터 나와 우주의 관계에 근본적인 변화가 생긴다. 이전에 우주는 나와 무관하게 존재하는 곳이었지만 이제 이 우주는 나와 밀접하게 연결된 곳이 된다. 심지어 내가 세상을 떠난 후에도 계속해서 나의 아이와 그 아이의 아이가 살아갈 우주가 된다. 이 세상에 존재하는 모든 부를 다 준다 해도 나의 아이 하나를 대체할 수 없는 이유가 바로 여기에 있다. 이 세상에 존재하는 모든 부는 원래부터 나와 무관하게 존재하는 것이지만 나의 아이는 오로지 나로 인해 존재하기 때문이다. 이 세상에 존재하는 모든 부를 내가 가진다 해도 그것은 나의 죽음과 함께 끝나버린다. 하지만 나의 아이는 내가 죽은 후에도 내가 이 세상에 존재했었다는 증거가 되어 계속 살아갈 것이다. 그러므로 이 세상은 나에게 처음으로 소중한 장소가 된다. 나에게 아이가 없다면 이 세상이 종말을 맞든 말든 나는 별로 신경 쓰지 않을지도 모른다. 하지만 내가 원인이 되어 존재하게 된 아이와 그 아이의 아이들이 계속 살아갈 곳이기 때문에 이 세상은 절대 종말을 맞으면 안 된다.

이러한 존재를 가지게 된다는 것은 한없이 신비롭고 신성한 일이지만 우리는 너무나 쉽게 그 일을 해내기 때문에 그 신성함을 전혀 의식조차 못 하고 있다. (여기서 쉽다는 표현의 의미는 아이가 성관계 한 번만으로도 생길 수 있다는 의미에서 사용한 표현이다. 남자로서 나는 여성이 겪는 수십 년 동안의 생리와 아이를 임신해서 10개월 동안 뱃속에서 자라도록 하는 과정과 출산에서 겪는 고통, 출산 후 양육의 어려움은 상상조차 할 수 없을 정도로 힘들고 놀라운 일이라고 생각한다. 그 일을 대신할 수 있을까 생각하면 두려움이 앞선다. 여성들이 출산의 과정에서 감내하는 용기와 인내와 의지는 어떠한 경우에도 특별한 배려와 존경을 받아야 한다.) 어쩌면 인간이라는 존재에겐 생명 창조라는 신성한 의무가 있으며, 그 의무를 이행해야 비로소 한 인간으로서 완성된다는 존재의 조건이 있는지도 모른다. 병원에서 출산 직후 우리가 자신의 아이를 처음으로 대면하여 눈을 마주 보았을 때, 혹은 그 아이를 처음으로 품에 안았을 때 느끼는 충만감은 내가 어디서 어떤 모습으로 살아가고 있든 상관없이 내 삶을 의미로 가득 채우게 된다. 아이를 낳음으로써 우리는 우리 자신을 새롭게 태어나게 한다. 한 남자나 한 여자가 아니라 한 아빠나 한 엄마로 자신을 새로운 존재로 태어나게 한다. 아이를 낳는 것은 아이를 이 세상에 태어나게 하는 행동일 뿐만 아니라 동시에 부모라는 존재를 태어나게 하는 행동이다.

요즘 젊은 성인들이 아이를 가지지 않는 삶을 선택하는 데는 물질만능주의에 따른 짙은 허무의식이 깔려 있는 듯하다. 인간은 흙에서 와서 흙으로 돌아가며, 이 세상에 신성한 것은 없으며, 인생은 결국 허무하다는 생각. 그러므로 살아있을 때 고통을 최소화하고 쾌락과 즐거움을 최대화하는 것이 현명하다는 생각. 우주의 광대함 속에서 티끌보다 못한 존재로서의 인간에게 어떤 본질적인 삶의 의미가 있을 수 있겠는가라는 생각. 돈과 돈이 가져다주는 쾌락과 즐거움 이외에 추구할 만한 가치가 무엇이 있겠는가라는 생각. 인간의 지식이 늘어나고 우주에 대한 이해가 깊어질수록 이러한 생각 또한 보편화되고 있는 것 같다. 전 세계에서 대학 진학률이 가장 높은 대한민국에서 젊은 성인들이 자기도 모르게 의식의 저변에 이러한 생각을 가지게 되는 것은 충분히 이해할 수 있는 현상이다. 의식의 저변에 깊이 깔려있는 이러한 생각은 일상 속에서 분명하게 인식되지 않은 채, 인생의 중요한 선택에 끊임없이 영향을 미치고 있다.

그러나 의미란 처음부터 주어지는 것이 아니라 스스로 만들어가는 것이다. 인간으로서의 존재 의미 또한 인간 스스로 만들어가야 한다. 인생의 의미를 스스로 만들어가는 자만이 인생의 의미를 발견하게 된다. 어떻게 살아야 하는가에 대한 답은 직접 삶을 사는 과정에서 찾아야 한다. 아이를 낳아 기르는 신비롭고 신성한 일을 용기 있게 행하는 자만이 인생의 신비로움과 신성함을 발견하게 된다. 티끌보다 못한 존재로서의 인간이 우주와 대적해서 우주에 큰소리를 치기 위해서는 스스로 신성한 존재가 되어야 한다. 그리고 아이를 낳아 기르는 일, 생명 창조만큼 신성한 행동은 없다.

## 부모들은 왜 아이를 가지는 이기적 행동을 하는가?
– 무조건적인 사랑의 필요

인간은 누구나 사랑받기를 바란다. 이 세상에 태어난 순간부터 이 세상을 떠나는 마지막 순간까지 인간은 누군가로부터 사랑받기를 갈구한다. 누군가로부터 사랑을 받는 그 순간만큼은 나는 그 누군가에게 의미 있는 존재가 되기 때문이다. 이 세상에 아무도 나를 사랑하는 사람이 없다고 느끼는 순간 인간은 심연과 같은 공허함을 느낀다. 그러한 공허함은 나라는 존재가 아무런 의미도 없을 거라는 인식에서 나온다.

인간이란 존재는 원래부터 공허한 존재인지도 모른다. 인생이란 근본적으로 허무한 것인지도 모른다. 하지만 대부분의 사람들은 살아가면서 존재의 공허함이나 인생의 허무함에 대해서 자주 생각하지 않는다. 생각한다고 해서 달라지는 것은 아무것도 없다는 것을 잘 알고 있기 때문이다. 그런 생각이 인생에 아무런 도움도 되지 않는다는 것도 잘 알고 있기 때문이다. 그와 동시에 인간은 본질적인 공허함을 뭔가로 채우려고 한다. 존재의 공허함을 채울 수 있다면 나의 존재는 의미 있는 존재가 되며, 인생의 허무함은 극복되는 것처럼 느껴지기 때문이다.

인간이 한평생 누군가를 그리워하며 사랑받기를 갈구하는 것은 인간이라는 존재의 숙명인 것 같다. 나를 사랑해 주는 사람이 많을수록 내 존재와 내 삶의 의미는 커지게 되는 것 같다. 그래서 인간은 심지어 동물에게라도 사랑받기를 원한다. 자신이 키우는 반려견이라도 자신을 사랑한다면 인간은 의미 있는 존재가 될 수 있기 때문이다.

이처럼 인간은 사랑받기를 원하지만 그에 못지않게 인간은 누군가를 사랑하기를 원한다. 누군가를 사랑할 때 그 누군가에게 나는 의미 있는 존재가 된다. 그를 향한 나의 사랑이 크면 클수록 나의 의미 또한 커지게 된다. 하지만 대부분의 사랑은 주고받는 관계로 이루어진다. 연인 간의 사랑, 친구 간의 사랑, 이웃 간의 사랑, 내가 아는 거의 모든 사람들 간의 사랑을 보면 대부분 주고받는 관계이다. 주는 것과 받는 것의 양이나 질에서 정도의 차이는 있겠지만 주고받는 관계라는 것은 부정할 수 없다. 주고받는 것에서 심한 불균형이 발생하면 대부분의 관계는 끝나게 된다. 그러므로 대부분의 사랑은 사랑인지 일종의 거래인지 모호해진다. 서로에게 의미 있는 존재가 됨으로써 채워지리라 생각하는 인생의 공허함이 거래와 같은 사랑을 통해서 실제로 채워지는 것인지도 모호해진다. 인간이 경험하는 사랑의 이와 같은 불완전함으로 인해 인간은 서로 사랑하고 사랑받으면서도 끝없는 계산과 의혹과 불안과 욕구불만 속에서 살아간다.

이러한 불완전함을 벗어나서 순수하고 무조건적으로 사랑할 수 있는 존재를 자신의 삶 속에서 가질 수 있기를 인간은 갈망한다. 그리고 그럴 수 있는 유일한 존재가 바로 자신의 자식이라는 것을 인간은 알고 있다. 아이와 부모의 관계는 다른 사람들과의 관계와는 근본적으로 다르다. 당신이 아무리 많은 사람과 아무리 깊은 관계를 가진다 하더라도 당신과 당신의 아이 사이에서 형성되는 관계와 비교할 수 있는 것은 없다. 아이를 가지지 않으면 절대로 얻을 수 없는 관계를 아이를 가짐으로써 당신은 얻을 수 있다. 당신의 아이에 대한 사랑은 주고받는 관계에 의해서 유지되는 사랑이 아니라 받는 것이 없다 할지라도 계속 주고자 하는 무조건적인 사랑이기 때문이다.

왜 부모들은 자신의 아이에게만큼은 대가 없는 무조건적인 사랑을 하는 것일까? 어쩌면 인간이 헌신적이고 무조건적인 사랑을 하는 대상은 오로지 자기 자신뿐일지도 모른다. 물론 가끔씩 자신이 싫어질 때도 있지만, 대부분의 인간은 자기 자신이 비이성적이고, 무례하고, 어리석고, 불친절하고, 악할지라도 자신을 사랑한다. 자신이 어떤 존재인가 하는 것은 따지지 않고 인간은 자신을 사랑할 수밖에 없다. 인간이 진정으로 사랑하는 유일한 존재는 어쩌면 자기 자신이 전부인지도 모른다. 그리고 아이는 바로 자기 자신에게서 분화되어 나온 존재이므로 가장 자기 자신에 가까운 존재이다. 과학적으로 봐도 자신의 유전

자를 물려받아 자신과 가장 닮은 존재이다. 인간에게 아이를 가지고자 하는 본능과 그 아이에 대한 무조건적인 사랑이 있다면 그것은 아마도 이러한 이유 때문인지도 모른다.

임신과 출산의 고통은 말할 것도 없이, 먹이고 씻기고 재우고 끝없는 울음을 받아주어야 하며 잠시도 쉬지 않고 놀아주어야 하는 아이는 참으로 성가신 존재다. 아이가 어떠한 행동을 하든, 그 행동이 아무리 혐오스럽거나 귀찮더라도 부모는 아이를 사랑한다. 물론 부모들은 저마다 자신의 아이로부터 바라는 모습이 있다. 하지만 부모들은 자신이 원하는 모습대로 아이가 행동하지 않고 성장하지 않는다 하더라도 여전히 자신의 아이를 사랑한다. 그로 인해 엄청난 심적 고통을 겪는다 하더라도 아이에 대한 사랑은 끝나지 않는다.

이처럼 헌신적이고 무조건적인 사랑을 할 수 있는 대상을 가지고 사는 인생과 그러한 대상 없이 사는 인생은 근본적인 차이가 있다. 헌신적이고 무조건적인 사랑을 할 대상이 있고, 그러한 사랑을 할 때 그 존재에게 나는 완전하게 의미 있는 존재가 될 수 있기 때문이다. 요즘 아이를 가지지 않는 많은 사람들이 자신의 사랑을 쏟을 대상으로 반려동물을 키우고 있다. 우리나라의 경우 주로 그 대상은 강아지와 고양이가 된다. 반려동물을 키우는 사람들은 그 동물을 자신의 아들딸과 같은 존재로 여기고, 스스로를 그 동물의 아빠나 엄마라고 부르기도 한다. 반려동물은 주인의 보살핌 없이는 살아갈 수가 없기 때문에 주인에게 절대적으로 의존한다. 얼마 전에 나는 자신이 키우는 강아지가 암에 걸리자 수술비로 2천만 원을 지불한 사람을 알고 있다. 자신에게 절대적으로 의존하는 존재가 있고, 그 존재가 필요로 하는 일을 해줄 때 사람들은 자신의 존재 의미를 느끼는 듯하다. 그것이 반려동물을 키우는 사람이 그 동물로부터 받게 되는 진정한 보상이다. 하지만 반려동물과 아이를 비교할 수 있을까? 도저히 비교할 대상이 아니지만 그래도 굳이 비교하자면 아이가 다이아몬드라면 반려동물은 이쁜 돌멩이 정도라고 할 수 있지 않을까? 내가 애정을 쏟은 만큼 그 반려동물은 나에게 소중한 존재가 되겠지만, 그보다 더 소중한 존재가 나에게 있다면 아무리 소중한 반려동물도 그저 사고팔 수 있는 상품에 지나지 않으며, 언제든지 버릴 수 있는 돌멩이에 지나지 않는다.

## 부모들은 왜 아이를 가지는 이기적 행동을 하는가?
## - 이행해야 하는 의무

자신을 낳아 준 부모에게 왜 자신을 낳았는지 따지며 대든 적이 있는가? 태어나지 않은 것이 차라리 더 나았을 것이라는 생각을 해본 적이 있는가? 인생을 살면서 지극히 힘든 순간에 처했을 때 우리는 차라리 태어나지 않았으면 좋았을 것이라는 생각을 할 수도 있다. 인생의 고통이 너무 심하여 도저히 극복할 수 없다는 판단을 내린다면 우리는 자살을 실행할 수 있다. 실제로 매년 많은 사람들이 스스로 자신의 삶을 끝내고 있다. 우리나라 청소년 사망 원인 1위가 자살임은 이미 잘 알려진 사실이다.

이렇게 자살할 수 있는 자유가 있음에도 불구하고 살아가고 있는 사람들은 왜 계속 살아가고 있는가? 삶을 스스로 끝낼 수 있음에도 불구하고 계속 사는 것은, 계속 사는 것이 그만 사는 것보다 더 낫다고 판단하기 때문이다. 그만 사는 것보다 계속 사는 것이 더 낫다고 판단한다는 것은, 지금 나의 삶이 어떤 모습일지라도 결국 그 삶을 긍정하고 있는 것이라고 할 수 있다.

자신이 어떤 삶을 살아왔고 지금 현재 어떤 삶을 살고 있든 상관없이 계속 살고 있는 것이 맞다면 사람은 자신에게 삶의 기회를 준 부모에게 감사하는 마음을 가져야 한다. 나의 부모는 아이를 가지지 않는 것을 선택할 수 있었다. 하지만 어떤 이유에서인지 아이를 가지기로 선택했기 때문에 나는 존재하게 된 것이다. 나를 존재하게 해서 나에게 삶을 살 기회를 준 부모에게 감사하다면, 나 또한 나의 아이를 존재하게 해서 그에게 삶을 살 기회를 주어야 한다. 받기만 하고 주지 않는다면 공정하지 못하다. 우리는 생을 받았기 때문에 누군가에게 생을 주어야 한다. 그 누군가는 아직 존재하고 있지 않다. 하지만 내가 생을 주기로 결정하게 되면 그는 존재하게 되고, 그 존재는 나의 아이가 된다. 이 경우 아이를 가지는 것은 이기적 선택의 아니라 나 자신이 한 명의 인간으로 이 세상에 태어나서 살아가고 있기 때문에 반드시 해야 하는 일종의 의무가 된다.

그러므로 나는 아이를 가질 것인지 말 것인지 고민하는 젊은이들에게 이런 질문을 하고 싶다. '만약 네가 다시 태어나는 것을 선택할 수

있다면 너는 다시 태어날 것을 선택할 것인가? 아니면 아예 존재하지 않는 것을 선택할 것인가?'

아이는 태어나는 것에 대해 선택권이 없기 때문에 부모가 대신 선택해 주어야 한다. 그러나 부모의 선택은 근본적으로 아이를 위한 선택이 아니라 부모 자신을 위한 이기적 선택이다. 부모 자신의 삶에서 아이가 필요하다고 느끼기 때문에 아이를 가진다. 아직 존재하지 않는 아이에게 세상에 태어나서 살아볼 기회가 필요할 것이라고 생각해서 아이를 가지지는 않는다. 하지만 태어나는 것은 결국 아이이기 때문에 아이를 위한 선택을 해야 하는 것이 마땅하다. 아이를 가지는 것은 가족 구성원을 한 명 더 늘리고자 하는 부모의 필요에 의해서 비롯되는 것이 사실이지만, 한 명의 인간 존재로서 아이를 생각한다면 아이를 위해서 이 세상에 태어나는 것이 좋은지를 판단해야 한다. 그러므로 부모 자신이 태어나게 될 아이의 입장이 되어서 스스로에게 태어나기를 원하는지를 물어보아야 할 것이다.

비록 현재 한국이라는 나라의 환경이 극심한 경쟁 속에서 성공적으로 살아가기가 만만치 않지만 그래도 한번 살아갈 기회가 주어진다면 그 기회를 잡을 것인지, 아니면 아예 존재하지 않을 것인지 스스로에게 물어보라. 만약 그 질문에 당신이 태어나기를 선택한다면 당신은 자신의 아이에게도 같은 기회를 주어야 한다. 당신은 당신의 부모로부터 그런 기회를 부여받았기 때문에 이 세상에 존재하게 되었다. 부모의 부모도 또한 자신의 부모로부터 이 세상에 존재할 수 있는 기회를 부여받았으며, 부모의 부모의 부모도 마찬가지다. 수만 년 인류의 역사 속에서 살기 좋았던 시대도 있었겠지만, 지금보다 훨씬 살기 어려웠던 시대도 있었을 것이다. 그 속에서도 우리 부모의 부모의 부모들은 단 한 번도 멈추지 않고 자신의 자식들에게 한번 살아볼 기회를 부여해 왔다. 수만 년의 시간 속에서 수천 세대의 연결 동안 단 한 번이라도 멈추었다면 나나 당신은 지금 존재하지 않을 것이다. 당신이 지금 이 땅에서 숨 쉬고 살아가고 있다는 사실은 우주 형성 이후 단 한 세대도 중단하지 않고 삶의 기회를 부여하는 이 일을 계속해 왔다는 증거이다. 이렇게 모든 세대를 연결해서 이어져 온 기회를 당신 자신만 누리고 다른 이(자식)에게 주지 않겠다는 결정은 지극히 독단적이며 이기적 결정이라 할 수 있다. 과연 당신에게 그런 결정을 할 권리가 있을까?

비록 현재 자신이 살아가고 있는 환경이 아이가 태어나서 행복하게 살 수 없는 것처럼 보이는 암울한 환경이라 판단하더라도 우리는 자신이 받은 기회를 후대에 물려주어야 한다. 앞으로 태어날 아이가 어떤 삶을 살게 될지는 결코 알 수 없다. 극심한 기후변화로 인해 미래 환경이 인간이 살아가기 힘들 것으로 판단된다 하더라도 미래가 되어보지 않고서는 알 수 없는 일이다. 태어나서 겨우 이삼십 년 살아보고 이곳은 인간이 살만한 곳이 되지 못하며, 앞으로도 살만한 곳이 되지 못할 것이라고 판단하는 것은 비합리적이다. 진정으로 이 세상이 인간이 살아갈 만한 곳이 못 된다고 판단을 내렸다면 당신은 자살로 그 판단을 증명해야 한다. 그렇지 않고 자신은 계속 살아가면서 아직 존재하지 않는 아이에게 아예 살아볼 기회조차 주지 않는다는 것은 대단히 불공정하며 이기적인 결정이다.

인간은 태어나는 것은 선택할 수 없지만 그만 사는 것은 언제든지 선택할 수 있다. 당신이 지금 이 책을 읽고 있다면 당신은 어쨌든 이 세상에서 아직 살아가고 있는 중이다. 이 세상이 살기 힘들다고 욕하고 있을지라도 당신은 계속 살아가고 있다. 자신은 주어진 삶을 계속 살아가고 있으면서 자신의 아이에겐 존재할 기회마저 박탈한다면, 그것은 아이를 생각하는 이타적 결정이 아니라 비판받아 마땅한 의무의 불이행이며, 지극히 이기적이고 불공정한 결정이다. 당신이 살 기회를 받았기 때문에 당신 또한 그 기회를 주어야 한다. 아이를 낳는 것은 당신의 의무이며, 아이를 낳지 않는 결정은 사실 당신의 권한 밖에 있다.

## 우리가 해야 할 일은 아이를 가지지 않는 삶을 선택하는 것이 아니라 세상을 바꾸는 일이어야 한다

위에서 나는 인간이 아이를 가지는 이기적 이유를 4가지 설명했다. 아이를 가짐으로써 엄청난 비용과 시간과 자유를 뺏기게 되겠지만, 아이를 가지지 않음으로써 아예 경험하지 못할 것들에 비하면 그 비용과 시간과 자유는 초라하다고 나는 생각한다. 아이를 가지지 않음으로써 절약하게 될 비용과 시간과 자유를 가지고 다른 많은 것을 경험할 수 있게 되겠지만, 그 경험들은 아이가 있다고 해서 가지는 것이 불가능한 것은 아니다. 다만 좀 더 힘들 뿐이다. 하지만 아이를 낳음으로써 가지게 될 경험은 아이를 가지지 않으면 아예 불가능한 경험이 된다. 그러한 경험 없이 경제적으로 풍요롭고 시간적으로 자유롭게 백 년을 산다 하더라도 그 인생은 결핍된 인생이 된다.

이처럼 아이를 낳는 것이 이 세상을 살아가고 있는 인간이라면 누구나 해야 하는 바람직한 선택이긴 하지만, 그렇다고 젊은이들에게 '네가 너의 부모로부터 생을 받았으니 너도 너의 자식에게 생을 주어야 공정하다. 그러니 아이를 낳아서 길러라'라고 해서 젊은이들이 아이를 가지지는 않을 것이다. 자신이 이 세상을 살아갈 기회를 부여받은 것처럼 자신 또한 다른 존재에게 그 기회를 부여해야 마땅하다고 생각은 할 수 있겠지만, 그 생각을 실천에 옮기기에 적합한 환경이 선행되지 않는다면 섣불리 실행할 수는 없기 때문이다. 둥지가 없이 알을 낳는 어리석은 새는 없는 것처럼.

젊은 성인들의 그러한 생각과 아이를 가지지 않는 그들의 선택을 충분히 이해하지만, 나는 젊은 성인들에게 말하고 싶다. 둥지를 만들기 어렵다고 알을 낳지 말아야겠다는 생각은 패배주의자의 생각이다. 그런 생각을 가지고 인생을 살게 된다면 그 삶이 아무리 평탄하다 할지라도 결국 허무로 끝나게 된다. 이 세상이 둥지를 만들기 어려울 정도로 척박하다면 온 힘을 다해서 이 세상을 바꾸어야 한다. 원한다면 어떠한 새라도 둥지 정도는 쉽게 만들 수 있는 세상으로 여러분의 환경을 바꾸기 위해서 노력해야 한다. 그게 인생이 아닌가? 주어진 환경만 탓하며 불가피한 선택이었음을 이해해 달라고 말할 수 있겠지만, 그

것은 결국 자신의 인생을 무의미하고 공허하게 만드는 길이며, 인간에게 주어진 의무를 회피하는 패배주의자의 변명에 지나지 않게 된다.

## 아이를 가지는 것은 시대의 문제가 아니라 존재의 문제이다

아이를 가지는 것은 시대의 문제가 아니라 존재의 문제이다. 시대가 어떠하든 상관없이 인간은 아이를 가져야 한다. 행복한 시대라면 아이는 행복을 더해줄 것이며, 행복하지 못한 시대라면 아이는 희망과 의지를 줄 것이다. 결혼을 하지 않아도, 아이를 가지지 않아도 얼마든지 즐겁게 살 수 있다고 말하는 젊은이들이 점점 많아지고 있다. 그러나 그들이 아이를 포기하면서까지 얻고자 하는 삶의 즐거움은 오래가지 않을 것이며, 아이를 가진다고 해서 무조건 불가능한 것도 아니다. 즐거움은 하고 싶은 것을 다 하는 것과 편안함과 쾌락 속에도 존재하지만, 고난과 역경과 의무 속에도 존재한다는 것을 젊은이들은 알아야 한다. 지금 현재 젊은이들이 겪고 있는 삶의 버거움은 절대 영원하지 않다. 하지만 아이를 가질 수 있는 시간은 한정되어 있다. 자기 앞가림하기도 벅차다며 시대의 힘겨움에 순응해서 인간 존재로서 마땅히 가질 권리와 의무를 외면하는 것은 젊은이답지 못하다.

젊은 자들은 저항하는 자들이어야 한다. 젊은 자들은 도전하는 자들이어야 한다. 젊은 자들은 변화를 만드는 자들이어야 한다. 아무리 암울한 시대에 살고 있다 하더라도 시대에 순응하지 말아야 하며, 자신의 권리와 의무를 포기하지 않고 오히려 시대를 변화시켜야 한다. 21

세기 한국이 아이를 낳아 기르기에 지극히 비우호적인 환경이라고 판단한다면 더욱 아이를 낳아야 한다. 그리고 그렇게 낳은 자신의 아이들이 살만한 세상으로 우리 사회의 비우호적인 환경을 변화시켜야 한다. 우리 사회가 아이가 행복하게 살 수 있는 사회가 아니라고 판단한다면 아이를 낳지 않는 것이 아이라 사회를 변화시켜야 한다. 아이를 낳는 것이 계산상 나에게 이롭지 않은 시대라고 판단한다면 아이를 낳는 것이 이로운 시대가 되도록 변화시켜야 한다. 그 변화는 젊은이들과 함께 사회의 모든 구성원들이 함께 이루어내야 한다. 그 변화를 위한 노력 속에서 인생의 진정한 즐거움을 발견하게 될 것이다.

젊은이라면 '내일 지구의 종말이 온다 하더라도 나는 오늘 한 그루의 사과나무를 심겠다'라는 생각을 해야 한다. 오늘 심은 한 그루의 사과나무로 인해 지구의 종말은 늦춰질 것이라고 나는 믿는다. 내일 지구의 종말이 온다 하더라도 오늘 아이를 낳아야 한다. 오늘 아이를 낳는 그 선택이 지구의 종말을 막는 힘이 될 것이라고 나는 믿는다.

## 어떻게 해야 하는가?

아이가 가져다주는 지극히 작고 사소하면서도 무한한 행복을 얻고자 하는 이기적 동기, 아이를 가짐으로써 생기는 삶의 의미, 무조건적이고 헌신적인 사랑을 할 대상의 필요, 인간 존재로서 반드시 행해야 하는 의무. 이상의 이유만으로도 아이를 가지기에 충분한 이유가 된다고 나는 생각한다. 설령 이 세상에 전염병이 창궐하고, 수십 년째 전쟁

이 이어지고, 가뭄이나 홍수로 사람들이 굶어 죽어가고 있다 할지라도 이미 아이를 낳아서 길러본 나는 여전히 아이를 낳는 선택을 할 것이다. 내일 세상의 종말이 온다 하더라도 나는 오늘 아이를 가질 것이다.

솔직히 나는 나 자신의 삶이 행복했다고 자신 있게 말할 순 없다. 오히려 나는 다른 사람들보다 상당히 불행한 삶을 살고 있다고 생각한다. 그래도 내가 살아가면서 한 수많은 선택 중에서 가장 잘한 선택은 아이를 가지는 것이었다고 말할 수 있다. 비록 그 아이들에게 남들처럼 많은 것을 해주진 못했지만, 아이를 기르고 함께 살아가면서 많은 것을 느끼고 경험하고 배웠으며, 그러한 기회를 나의 아이들 또한 자신의 아이를 낳아 기르면서 가지게 될 것이라고 희망한다.

하지만 아이를 낳아보지 않은 젊은이들의 입장에서는 우리 사회의 환경이 아이가 행복하게 살만한 환경으로 보이지 않으면 아이를 낳지 않는 선택을 할 가능성이 매우 높다. 아이가 없는 젊은 성인들은 먼저 아이를 가져보지 못했기 때문에, 막상 아이를 가졌을 때 그 아이가 얼마나 큰 행복을 가져다주는지 알지 못한다. 많은 젊은이들이 자신의 부모들을 보면서 부모님이 과연 나를 낳아 기르는 동안에 행복했는지 의구심을 가진다.

한국의 부모들은 기이할 정도로 아이에게 자신의 행복을 표현하기를 꺼려 한다. 오히려 많은 부모들이 자신의 아이에게 너희들 때문에 아빠 엄마가 고생하고 힘들다는 인식을 심어주려고 애쓰는 듯하다. 그

것은 자식으로부터 감사하다는 말을 듣고 싶은 심리 때문인지는 모르겠지만, 자식은 오히려 부모들에게 자신의 존재로 인해 미안함을 가지게 될지도 모른다. 나아가서 부모님들은 자신들의 존재로 인해 부모님 자신의 삶을 제대로 살아보지 못한 불쌍한 존재라고 생각할 수도 있으며, 따라서 나는 나 자신의 삶을 제대로 살기 위해 아이를 가지지 않을 것이라는 결정을 하게 될지도 모른다. 그러나 나는 확신을 갖고 말할 수 있다. 우리나라의 대부분의 부모님들은 자신의 아이를 낳아 기르는 과정에서 겪은 숱한 어려움과 포기와 갈등과는 비교도 할 수 없는 행복을 아이들로부터 받으며 살아왔다는 것을.

하지만 아이를 가져보지 않은 젊은이들은 아이로 인해 야기될 것으로 예상되는 불행에 압도되어 아이를 가졌을 때 있을지도 모르는 행복을 포기하는 선택을 하게 된다. 아이는 행복과 더불어 수많은 부작용을 동반한다. 아이를 가지지 않으면 아이로 인한 행복도 없지만 부작용도 경험할 필요가 없다. 그리고 아이를 가져야 얻을 수 있는 행복은 다른 것으로 대체하면 된다. 가령 강아지를 기른다든가 하는.

또한 아이를 가지더라도 자신의 아이가 행복하게 살 수 있도록 해줄 자신이 없기 때문에 아이를 가지지 않을 가능성도 높다. 점점 더 많은 한국의 젊은이들이 아이를 가지지 않는 삶을 선택하는 이유는 자신의 삶을 좀 더 여유롭고 자유롭게 즐기기 위해서라는 이기적인 동기에서라고 사람들은 생각한다. 그래서 요즘 젊은이들은 자신만 생각하는 이기적인 성향이 강하다고 비판하기도 한다. 물론 아직 인생을 얼마 살아보지 않은 젊은이들 중에 그러한 생각을 하는 젊은이들이 많은 것은 사실이며, 이는 당연한 현상이다. 하지만 그보다 더 많은 젊은이들이 태어날 아이가 우리 사회에서 행복하게 살기가 어려울 것이라고 판단하기 때문에 아이를 가지지 않고 있다. 장차 자신의 아이를 행복하게 해줄 자신이 없기 때문에 아이를 가지지 않기로 하는 선택은 결코 이기적인 선택이라고 할 수 없다. 오히려 비극적인 선택이라고 해야 한다.

자신의 아이가 우리 사회에서 행복하게 살 수 있을 것이라는 판단만 든다면 현재 아이를 가질 생각이 없는 많은 젊은 성인들이 다시 한 번 자신의 생각을 재고해 볼 것이다. 사춘기가 되면 인간은 보편적으로 이성에 대한 관심이 생겨나서 연애를 하고 사랑에 빠진다. 10대 후반부터 20~30대 사이에 이성에 대한 사랑을 해보지 못하고 살게 된다면 인간은 대체로 깊은 우울감과 자존감의 저하를 경험하게 된다. 인생의 사이클에서 이것은 자연스럽게 나타나는 현상이다. 마찬가지로 출산 가능 연령이 되면 인간에게는 아이를 가지고 싶다는 본능이 깨어난다. 자신에겐 그런 본능이 없다고 주장하는 젊은이들도 있겠지만, 그것은 대부분 자신도 모르게 이성의 힘으로 본능을 누르고 있기 때문이다. 우리나라의 많은 젊은이들이 아직 존재하지 않는 아이의 불행을 생각해서 그 본능을 억제하고 아예 아이를 가지지 않는 선택을 하고 있다. 이는 참으로 젊은 성인들이 겪는 비극이라고 하지 않을 수 없다.

물론 우리는 그 선택을 존중해 주어야 한다. 적어도 출산에 관한 한 아이에겐 선택권이 없기 때문이다. 아이의 부모가 될 사람이 아이를 대신해서 선택해야 하며 그 선택은 아무리 신중하게 하더라도 지나치지 않을 것이다.

자신이 존재를 부여받았기 때문에 나도 누군가에게 존재할 기회를 부여해 주어야 한다는 생각은 대단히 철학적이며 동시에 윤리적으로 옳은 생각이다. 하지만 대부분의 사람들은 일평생 단 한 번도 이런 생각을 하지 않아도 아이를 낳고 살아간다. 우주 속의 한 존재로서 마땅히 이행해야 할 존재 부여의 의무는 논리적 추론에 의해서 내려진 귀결이지, 신적인 존재가 명령해서 생긴 의무는 아니다. (물론 일부 종교에서는 인간에게 번식하라는 명령을 내리긴 했지만.) 이 의무를 수행하지 않는다고 현실 세계에서 어떤 불이익이 주어지지도 않는다. 그러므로 당장 자기 앞가림도 하기 힘든 한국의 젊은 성인들에게 존재의 의무를 다하라는 주장은 공허한 메아리에 지나지 않을지도 모른다.

그러므로 결론은 계속해서 하나로 귀결된다. 한국이 직면하고 있는 초저출산 문제를 해결하기 위해서는 출산 가능 연령이 된 젊은이들이 보기에 '이 세상은 충분히 아이가 행복하게 살아갈 수 있는 세상이다'라는 판단이 들 수 있도록 우리 사회를 변화시켜야 한다. 그래서 아이를 가지는 것이 아이뿐만 아니라 자신의 행복을 위해서도 이익이 되도록 해야 한다.

# 7장
# 임신과 출산의 위대함

## 삶의 의미는 무엇인가?

인생의 목적은 무엇인가? 삶의 의미는 무엇인가? 아리스토텔레스는 삶의 궁극적인 목적은 행복이며 인간은 행복을 위해 산다고 말했다. 니체는 "위버멘시(Übermensch)"라는 개념을 통해 인간은 초극하는 존재라고 했다. 인간은 인간을 초극하여 진화하기 위해서 산다고 말했다. 에이브러햄 매슬로우는 인간은 생존, 안전, 사회적 수용, 자존감, 자아실현 등 다양한 욕구를 순차적으로 충족시켜 나가며 최종적으로는 자아실현에 도달해야 한다고 주장했다.

'인생의 의미는 무엇인가?'라는 질문은 고대 그리스 사회부터 21세기 대한민국 사회까지 인간이 사는 모든 장소, 모든 시대에 끊임없이 제기되는 질문이다. 삶은 무엇인가? 우리는 왜 여기에 있는가? 존재의 의미는 무엇인가? 무엇을 위해 살아야 하는가? 내가 이 세상에 존재하는 목적은 무엇인가? 수천 년 동안 인류는 이러한 질문을 반복해 왔고 수많은 사람들이 답을 제시했지만, 아직도 사람들은 계속해서 같은 질문을 반복하고 있다. 이미 수많은 답이 제시되었음에도 불구하고 여전히 같은 질문을 반복하고 있는 이유는 무엇인가? 왜 모든 인간 개개인은 저마다 같은 질문을 끊임없이 반복하며 살아가고 있는 것인가?

나는 대한민국의 저출산 문제를 해결하기 위해 이 책을 쓰고 있다. 그렇다면 내 생의 목적은 대한민국의 저출산 문제를 해결하는 것인가? 나는 대한민국의 저출산 문제를 해결하기 위해 이 세상에 태어났는가? 그것은 당연히 아니다. 이순신 장군은 일본의 침략으로부터 조선을 구했고, 그 과정에서 목숨을 잃었다. 그렇다면 이순신 장군은 조선을 구하기 위해 이 세상에 태어났는가? 그의 삶의 목적은 조선을 구하는 것이었다고 할 수 있는가? 당연히 아니다.

아침에 눈을 떠서 밤에 잠자리에 들 때까지, 우리는 하루 동안에 수많은 행동을 한다. 화장실을 가고 밥을 먹고 사람들을 만나고 일을 하고 책을 보고 운동을 한다. 인간의 모든 행동에는 그 나름대로의 이유가 있고, 그 이유에 대해 답할 수 있다. 그 하루하루가 모여 한 사람의 일생이 된다. 그러나 그 사람의 일생의 의미가 무엇인지에 대한 대답은 결코 쉽지 않다. 생의 의미는 무엇인가라는 질문은 너무 어려운 질문인가? 인류가 문명을 이루고 수천 년을 살아왔지만 왜 이 질문은 아직도 해결되지 못한 것인가? 인류는 아직 그 질문에 대답할 수 있을 정도로 충분히 성숙하지 못했단 말인가?

이미 많은 대답이 제시되었음에도 불구하고 여전히 우리가 이 질문을 계속하는 이유는 이 질문 자체가 애초에 정답이 존재하지 않는 질문이기 때문이다. 인생의 의미는 무엇인가? 진실을 말하자면 인생에는 이렇다 할 의미나 목적이 없다. 한 마리 개미나 바이러스 혹은 파리의 생에 특별한 의미나 목적이 없다면, 인간의 삶에도 이렇다 할 의미나 목적이 없다는 것이 정답이다. 사실 이 세상에 인간이 존재할 이유도, 생물이 존재할 이유도, 지구가 존재할 이유도, 심지어 우주가 존재할 이유도 없다. 우주의 역사는 138억 년이 된다고 하지만, 그 시간 대부분 동안 우주에 인간은 존재하지도 않았다. 불과 2백만 년 전에 인간의 조상이라고 할만한 유인원이 최초로 지상을 걸어 다녔다. '존재할 이유가 없는 존재의 존재 의미가 무엇이냐?'라는 질문은 답이 없는 질문이다. 애초에 답이 없는 질문이니 어떠한 답도 정답으로 인정될 수 없다. 질문만 영원히 계속될 뿐이다.

## 가장 객관적이고 확실한 생의 의미

그러나 이 세상을 살아가는 모든 생명체들의 삶을 봤을 때 그들 모두에게 공통적으로 적용되는 하나의 절대 목적이 너무나 분명하고 너무나 명확하게 존재하는 것 같다. 그 목적을 인식하고 있든 인식하지 않고 있든 상관없이 모든 생명체들이 공통으로 하는 행위가 있다. 그것은 바로 생존과 번식이다. 바이러스부터 대왕고래까지 지구상의 모든 생명체들에게 보여지는 단 하나의 공통된 삶의 목적, 삶의 의미는 바로 생존과 번식이다. 목적의식이 있든 없든 생명체들이 태어나서 죽을 때까지 하는 행동들을 관찰했을 때 그들의 존재 목적이 생존과 번식이라는 것은 너무나 명확해 보인다.

인간 또한 여기에서 예외가 될 수 없다. 사실 불과 일 세기 전만 하더라도 현대적 피임법이나 낙태 기술이 개발되지 않았기 때문에 사람들은 성생활에서 임신하는 것을 막을 수 없었고, 일단 아이가 생기면 낳을 수밖에 없었다. 사춘기부터 폐경이 될 때까지 약 30여 년간 여성의 신체는 출산이 가능하다. 결혼 연령이 빨랐던 옛날에는 일반적으로 십 대 중후반부터 여성들은 성생활을 시작했고, 성생활을 하면 아이가 생기며, 생긴 아이는 낳을 수밖에 없었다. 그러다 보니 일생 동안 10명 이상의 아이를 낳는 여성도 흔히 있었다. 신체 건강한 여성의 경우 성생활은 지속적인 임신으로 이어졌고, 생긴 아이는 낳을 수밖에 없기 때문에 일생의 대부분의 시간을 아이를 낳아 기르는 일에 소모할 수밖에 없었다.

이러한 상황에서 여성에게 인생의 의미가 무엇인지에 대한 질문과 그에 대한 대답은 보다 단순했을 가능성이 있다. 매년 새롭게 아이를 낳아 키우다 보면 자연스럽게 인생의 의미란 자식을 낳아 기르고 가능하다면 그들에게 유산을 물려주는 것이라는 생각을 하게 된다. 결혼도 현대인에 비해 일찍 하였고 평균 수명도 짧았음을 감안하면 옛날 사람들의 인생의 목적은 생기는 대로 족족 아이를 낳아 키우고 그 아이들이 자라서 새로운 가정을 이루는 것을 보는 것이 아니었을까?

그러나 여기서 한 가지 생각할 점은 임신과 출산은 여성이 하는 일이라는 사실이다. 여자들은 십 대 중반부터 생리를 시작한다. 생리는 오직 임신과 관련되어서 여성에게만 일어나는 신체적 현상이다. 생리가 자신의 몸에서 직접 일어나는 현상이며, 생리의 원인이 아이를 가지기 위한 신체의 준비 과정에서 기인하는 것이기 때문에 여자들은 자신의 육체가 존재하는 이유를 적어도 한 가지는 명확히 가지게 된다. 원하든 원하지 않든 모든 여성은 자신의 몸이 아이를 가질 수 있도록 준비되어 가는 과정을 경험하게 된다. 또한 아이를 임신하게 되면 여성은 자신의 뱃속에서 10개월간 아이를 키운다. 생리를 경험하고 임신하여 배가 불러오고 뱃속에서 아이의 움직임을 감지하고 남자들은 절대 알 수 없는 출산의 고통을 겪으면서 여성은 온몸으로 자신의 육체가 하나의 생명체로서 가지는 근본적인 존재의 이유를 생생하게 느끼게 된다. 아이를 낳은 후에도 수년 동안 자신의 몸에서 나오는 젖으로 아이를 키우기 때문에 단 한 명의 아이만 가진다 해도 그 과정은 몇 년간 지속된다. 이처럼 생리와 임신과 출산, 양육의 과정을 통해서 여성들은 한 명의 살아있는 존재로서 자신의 존재 이유, 삶의 목적을 너무나 확실하게 경험하는 것이다. 더구나 옛날에는 피임법의 부재로 임신과 출산이 계속 이어졌기 때문에 그 의미는 더욱 분명하게 인식되었을 것이다.

따라서 어쩌면 옛날 여자들에게 '인생의 의미란 무엇인가?'라는 질문은 어리석은 질문이 될지도 모른다. 자신의 육체로 생리와 임신과 출산 및 육아의 모든 과정을 직접 겪기 때문에 삶의 목적은 너무나 명확한 것으로 인식되며, 삶의 의미는 그 목적을 성공적으로 수행하는 데 있기 때문이다. 현대적 의료기술이 없었던 옛날에는 여자들이 출산의 과정에서 생명을 잃는 경우도 자주 있었다. 목숨을 걸고 해야 하는 일, 죽음을 감수하고라도 할 수밖에 없는 일이 있다면 그것이야말로 가장 강력하고 확실한 존재의 의미가 아니겠는가?

## 남녀 차별의 근원

하지만 남자의 경우는 너무나 다르다. 남자가 아이를 가지는 데 있어서 자신의 신체를 활용해야 하는 시간은 지극히 짧다. 여자가 아이를 가지기 위해 신체를 활용해야 하는 시간은 생리 기간부터 젖먹이 기간까지 고려하면 수년이 걸리는 반면에 한 명의 아이를 가지기 위해 남자가 사용해야 하는 시간은 단지 몇십 분이면 충분하다. 대부분의 경우에 그 몇십 분조차도 위험을 감수해야 하는 두려움과 노고의 시간이 아니라 쾌락의 시간이며, 그 목적조차도 아이를 가지기 위해서라기보다는 성적 욕구의 충족과 쾌락의 추구에 있다. 심지어 그렇게 아이를 가져도 자신의 몸으로 직접 출산하지 않기 때문에 그 아이가 자신의 아이가 맞는지도 확실히 알지 못한다. 이처럼 남자들에게 아이를 낳아 기르는 것의 의미는 자신의 육체로 생생하게 느끼면서 생긴 실체적 의미가 아니라 관념 속에 상상으로 존재하는 추상적 의미에 지나지 않는다.

따라서 아이를 가지는 일이 인생에서 차지하는 비중이나 의미가 남녀 사이에 결코 동일하다고 할 수 없다. 그렇다면 그 차이는 얼마나 클까? 아이를 가지기 위해 육체가 사용되는 시간의 차이만큼 그 차이가 크다고 하면 지나친 억측이 되겠지만 적어도 상당한 차이가 있을 것이라는 것은 결코 부인할 수 없다. 여기서 중요한 것은 출산이 남성과 여성의 인생에 차지하는 비중의 차이가 인류의 전 역사 동안 모든 문화에 엄청난 영향을 미쳐왔다는 사실이다. 한 가지 예로 수천 년 동안 거의 모든 문화에서 존재했었고 지금도 일부 문화에서 존재하는 남녀 차별의 근본적 원인은 바로 출산에 있다.

일생의 상당 부분을 아이를 낳아 기르는 데 할애할 수밖에 없었던 여성에게 있어서 아이를 낳아 기르는 것이야말로 인생의 가장 크고 명확한 목적이라고 할 수 있다. 그 목적을 제대로 수행하는 데는 엄청난 노고와 생명의 위험까지도 따르지만 동시에 거기에서 커다란 만족과 행복을 느끼며 인생의 의미를 찾을 수 있었다. 하지만 임신을 하고 출산을 하고 젖을 먹여 양육을 하는 동안 여자들은 신체적으로 매우 취약하고 정신적으로도 매우 불안한 상태에 놓이게 된다. 그 과정은 누군가의 보조가 반드시 필요한 시간이 된다.

사실 번식을 위해서라면 남자들이 많이 존재할 필요는 없다. 남자 한 명만 있어도 마을의 여자를 전부 임신시킬 수 있다. 남자들이 많이 필요한 이유는 여자들이 임신하고 출산하고 양육하는 동안 보조하기 위해서이다. 여기에서 남녀 차별의 근본적 원인이 발생하게 된다. 임신과 출산과 양육은 여성이 중심이 되고 남성은 보조자의 역할을 하는 것이 분명한데, 보조의 개념이 보호의 개념으로 잘못 인식되었기 때문이다. 생존과 번식을 위해서는 여성의 임신과 출산과 양육이 원활하게 되도록 보조하는 역할을 남성이 해야 한다. 그런데 남성들은 임신한 아내와 갓 태어난 어린 자녀를 보조한다는 생각보다는 보호한다는 생각을 가지고 행동한다.

## 보호받는 자는 약자가 된다

문제는 보호하는 자와 보호받는 자가 평등하기는 어렵다는 것이다. 보호받는 자는 보호하는 자 없이는 살아남기 힘들며, 보호하는 자의 보호를 계속 받기 위해서는 모든 면에서 자신보다 보호하는 자를 우선할 수밖에 없기 때문이다. 아이를 한 명만 낳으면 그 기간은 몇 년에 지나지 않겠지만, 아이를 10명 낳으면 여성은 거의 평생 동안 남성의 보조를 받아야 하는 처지에 놓이게 된다. 이처럼 과거에 수많은 문화에서 자연스럽게 형성되고 당연시되었던 가정에서의 남녀 차별은 바로 여성의 출산에 원인이 있었다고 할 수 있다. 임신과 출산의 주역인 여자는 보호받는 약자의 위치에 서게 되어 결과적으로 아무런 권한도 가질 수 없게 되고, 보조적인 역할을 하는 것에 지나지 않는 남자가 모든 권한을 가지게 되는 현상이 자연스럽게 형성된 것이다. 이처럼 남성은 보호한다는 명분으로 가정에서 여성보다 우선적인 권한을 누릴 수 있게 되고 여성 위에 군림하게 되었다. 이것이 가정에서의 남녀 성차별의 근원이다.

## 공허한 남자의 일생

하지만 보조자는 보조자일 뿐이다. 남자들은 기껏해야 도와주는 역할을 할 수 있을 뿐이다. 보조자는 결코 삶의 주인공이 될 수 없다. 생명체로서 인생의 유일한 존재 이유라고 할 수 있는 번식은 여자들이 주역이 되는 일이다. 따라서 남자들은 근본적으로 삶의 공허함을 더 많이 느낀다. 도대체 남자들의 존재 이유는 무엇인가? 번식이라는 생물학적 관점에서 봤을 때 남자들은 사실 대부분 불필요한 잉여의 존재들이다. 인류라고 하는 종족의 번식과 보존을 위해서라면 여자들은 다수가 필요하지만 남자들은 그리 많은 수가 필요하지 않다. 따라서 남자들은 다른 곳에서 인생의 의미를 찾아야만 했다.

그러나 앞에서 말한 것처럼 인생의 의미가 무엇인지에 대한 객관적이고 절대적 답은 생존과 번식을 원활하게 이루어지도록 하는 활동을 제외하면 사실 존재하지 않는다. 남자들에게도 인생의 절대적 의미가 있어야 한다면 그것은 기껏해야 여자들이 주역이 되는 임신과 출산과 육아가 제대로 수행되도록 보조하는 역할에 있다고 할 수 있을 것이다. 주변을 돌아보라. 우리 사회의 대부분의 가장들이 사실 이 역할에서 자신의 삶의 의미를 찾고 있는 것이 사실이다. 일반적인 남자들이 결혼을 하여 가정을 이루면 자신의 아내가 아이를 낳아 기르고 양육하는 일을 제대로 할 수 있도록 보조하는 일에 일생을 바치게 된다. 남성들이 직업을 가지고 경제 활동을 하는 가장 큰 이유는 처자식을 먹여 살리기 위한 것이 아닌가?

## 인류의 문명은 공허함에서 나왔다

　인류의 역사를 돌아보면, 생존과 번식뿐만 아니라 수많은 다른 일에 인간이 전념해 왔음을 알 수 있다. 정치, 사업, 전쟁, 발명, 발견, 경영, 과학, 사상, 문학, 철학, 예술, 종교 등 인간은 무수히 많은 것을 만들고, 그 일들에 의미를 부여하며 그 속에서 뭔가를 성취하기 위해 자신의 일생을 바쳤고, 지금도 그러한 일들을 가치 있고 의미 있다고 여기며 전념하고 있다. 옛날에 "사내대장부가 큰일을 하는 데 여자들이 방해가 되어서는 안 된다"라는 말이 있었다. 사내대장부가 하는 큰일이라는 것들이 알고 보면 생물학적으로 삶의 주역이 될 수 없는 남자들이 존재의 공허함을 채우기 위해 만들어 낸 허상에 지나지 않는지도 모른다. 그러나 그것들이 누적되어 역사가 되고 문화가 되고 문명이 되었음을 부인할 수 없다. 오늘날 우리가 소위 문명이라고 부르는 것들은 어쩌면 남자들이 자기 존재의 공허함을 채우기 위한 활동의 결과인지도 모른다.

　여기서 주목할 점은 인류의 역사에서 대부분 그 주역들은 거의 남자였다는 사실이다. 그것은 남자들이 여자들보다 뛰어나서가 아니다. 다만 출산과 양육이라는 피할 수 없는 일에 여성들이 예속되어 있었던 반면에 남자들은 끊임없이 뭔가 의미 있는 일을 생각해 내고 그 일들을 수행해야 했기 때문이라고 할 수 있다. 그런데 그렇게 남자들이 발명하고 수행한 그 일들에서 부와 권력과 명예가 발생하게 되었고, 그 부와 권력과 명예는 자연스럽게 남자들이 독점하게 되었다. 인간의 모든 부와 권력과 명예는 남자들이 만든 일들에서 나왔으며, 여자들의 출산에서 나오는 것은 취약함뿐이었다. 이렇게 남자는 부와 권력과 명예를 가졌고, 여자는 출산과 그로 인한 취약함을 가질 수밖에 없음이 거의 모든 인류 문화에서 존재해 왔던 남녀 성차별의 근본적 원인이라고 할 수 있다.

요약하면 과거에 인류의 거의 모든 문화권에서 존재해 왔던 남녀 차별의 근본 원인은 출산이라는 생물학적 이유에 있다는 것이 필자의 생각이다. 출산이 가지는 의미가 인간의 삶에서 유일하게 명확한 존재 이유이며 가장 중요한 삶의 의미임에도 불구하고, 출산 전후에 걸친 긴 시간 동안 타인의 보조를 필요로 할 수밖에 없는 여성의 취약함과 남성의 보조적 역할을 보호 역할로 탈바꿈시킨 잘못된 논리로 인해서 남성과 여성의 불평등한 지위가 형성되고 고착화되었다. 거기다가 자신이 존재 이유를 찾을 수 없는 공허함을 채우기 위해 끊임없이 다른 일에서 의미를 추구했던 남성들의 활동들과 그 활동들에서 나오는 부와 권력을 남성이 독점함으로써 여성을 상대적인 사회적 약자로 만들어 왔다. 나아가서 이렇게 형성된 남성 우월주의 의식은 여성의 주 역할인 출산의 의미뿐만 아니라 여성의 지위도 격하시켜 왔다.

## 남녀 차별의 생물학적 근원

남자에게 있어서 여자가 아이를 가지는 것의 의미는 무엇인가? 옛날에 남자들은 아이를 가지는 일의 중요성이 대를 잇는 것에 있다고 믿었다. 아이러니한 것은 임신과 출산이 여성의 몸에서 일어나는 일임에도 불구하고, 여자의 대를 잇는 것이 아니라 남자의 대를 잇는 것이라고 믿었다. 어처구니없어 보이는 이 믿음은 인류의 대부분이 농업에 종사함으로써 자연스럽게 생긴 믿음이었다. 콩 심은 데 콩이 나고 팥 심은 데 팥이 나는 농사의 특징을 임신에도 적용시킨 것이다. 남성은 씨앗이 되고 여성은 그 씨앗을 품었다가 작물로 키워내는 땅이 된다. 여기서 남성과 여성의 차별적 지위가 다시 형성된다. 콩은 어느 땅에 심어도 콩으로 자라고 팥은 어느 땅에 심어도 팥으로 자란다. 비옥한 땅과 척박한 땅에 따라 품질이나 수확량의 차이는 있지만 콩이 팥이 되거나 팥이 콩으로 바뀌는 일은 절대 일어나지 않는다. 따라서 씨앗과 땅 중에 더 중요한 것은 씨앗이 된다. 씨앗은 대체 불가하지만 땅은 얼마든지 옮겨갈 수 있다. 농경사회의 관점에서 봤을 때 임신과 출산은 남자의 대를 잇는 일이며, 씨앗인 남자와 땅인 여자의 지위에 차이가 있다고 믿었던 것은 당연했을 것이다.

남자의 성씨를 보존하는 것, 가문을 이어지게 하는 것이 왜 그토록 중요하다고 생각했는지는 모르겠으나, 남자들은 자신과 결혼한 여자의 첫 번째 의무를 아이를 낳아 기르는 것이라고 규정했다. 특히, 많은 문화권에서 여자아이보다 남자아이를 출산하기를 선호했다. 여자아이는 자라서 씨앗이 되는 것이 아니라 땅이 되는 것이기 때문에 논리적으로 남성의 대를 잇지 못하는 것이 된다고 믿었던 것이다. 남자아이를 출산하지 못하는 여성들은 씨앗을 뿌렸음에도 곡식을 생산하지 못하는 불모의 땅처럼 여겨져 존중받지 못했다. 심지어 어떤 경우에는 집안의 죄인이 되어서 버려지기도 했다. 많은 문화권에서 아내가 불임이거나 남아를 출산하지 못하는 경우에는 제2, 제3의 여자에게 그 역할을 하도록 하는 것이 합법적이며 당연하다는 인식이 존재했었다. 척박한 땅을 버리고 비옥한 땅에 씨앗을 심는 것이 합리적 행위인 것처럼.

## 출산을 거부해야 남녀평등이 가능한가

그러나 20세기 들어 현대적 피임법과 낙태 기술이 개발됨에 따라 여성들에게도 출산이 더 이상 생물학적으로 무조건 따라야 하는 자연의 법칙이 아니라 선택의 문제가 되었다. 여성들은 아이를 가질지 말지, 가진다면 몇 명을 가질지, 언제 가질지 등을 모두 선택할 수 있게 되었다. 그와 더불어 농업 혁명으로 인한 영양 보급의 확대 및 의료 기술의 발달로 유아 사망률도 획기적으로 낮아졌다. 이렇게 아이가 선택의 문제가 되자 인류의 평균 출산율이 급격하게 줄어들었다. 심지어 아이를 전혀 가지지 않는 선택을 하는 여성들도 나타나게 되었다. 이는 당연한 현상이다. 여성들은 아이를 가짐으로써 장기간 남성들의 보조를 필요로 하는 극도로 취약한 상태에 놓이게 된다. 남성들은 당연히 해야 하는 보조의 개념을 여성과 아이를 지켜준다는 보호의 개념으로 탈바꿈하고 그에 대한 반대급부를 여성에게 강요해 왔다. 사회 활동들의 근본 목적이 여성의 임신과 출산과 양육을 원활하게 하기 위한 환경의 조성 및 재화의 마련, 즉 의식주의 해결에 있음에도 불구하고 남성들은 사회 활동으로 생긴 부와 권력을 독점하고 그것을 이용하여 여성의 삶을 지배해 왔다. 이러한 원리에 의하여 임신과 출산이 제어할 수 없는 자연의 법칙이었던 과거에는 어쩔 수 없이 여성들은 남성들에 비해 차별받는 위치에 존재할 수밖에 없었다. 따라서 아이가 선택의 대상이 된 현대에도 그 위치에 그대로 안주하기를 여성에게 기대할 수는 없다.

임신과 출산이라는 생물학적인 속박에서 해방되자 여성들은 더 이상 남성들의 보호가 필요한 약한 존재가 아니라 남성들과 동등한 능력의 소유자라는 사실이 증명되었다. 교육을 비롯하여 남성들의 전유물이었던 많은 다른 활동들에 여성들이 참여할 수 있는 여력이 생겼으며, 남성들이 독점했던 부와 권력을 여성들도 똑같이 가지게 되었다. 나아가서 사회 활동의 여러 분야에서 남성들보다 뛰어난 능력을 발휘하는 여성들의 수도 점점 늘어났고, 그로 인해 일반적인 남성들보다 더 큰 권력과 부를 가진 여성들의 수도 급증했다. 동시에 사회에 만연했던 성차별은 점차 완화되고 남녀가 평등한 사회로 발전하고 있다.

문제는 이러한 변화가 그 근본 원인을 알지 못하는 상태에서 일어나므로 의식의 전환으로 이어지지 못하고 있다는 점이다. 남성들과 모든 면에서 동등한 권리를 가지게 된 여성이 그 권리를 지키기 위해 임신과 출산을 거부할 수밖에 없는 환경이 조성된 것이다. 그 결과는 우리 사회가 직면하고 있는 초유의 저출산 현상으로 나타나고 있다.

## 의식의 대전환이 필요하다

　여성들이 남성들과 똑같은 권리를 가지고 자기가 하고 싶은 일을 하며 행복을 추구하고 자아를 실현하는 것은 너무나 당연한 일이며 영원히 보장되어야 한다. 그와 동시에 여성들만이 가지고 있는 출산의 의미와 중요성을 잃어버리지 말아야 한다. 남성들이 삶의 의미를 가지기 위해서 만들었고 전념해 온 수많은 일들 중에 출산보다 더 의미 있고 중요한 것은 존재하지 않는다. 사실 남성들이 하는 대부분의 사회 활동은 의식주를 해결하기 위한 일들이었다. 옛날에 남성들이 하는 일의 대부분은 농사를 짓는 것이었다. 현대에 남성들이 하는 일의 대부분은 직업을 가지고 경제 활동을 하는 것이다. 경제 활동의 일차적 목적은 결국 의식주의 해결이다. 의식주의 해결은 생존과 번식을 위한 필수적인 조건이라고 할 수 있다. 앞에서 진술했듯이 인간의 생존과 번식의 주역은 바로 임신과 출산을 할 수 있는 여성이다. 따라서 남성들이 하는 일은 여성들의 출산과 양육이 원활하게 이루어지도록 보조하는 데 그 목적이 있다고 할 수 있다. 남성들이 하는 일들이 여성들의 출산과 양육을 원활하게 하는 데 도움이 되지 못한다면 그 일들은 존재 이유를 잃게 된다. 남성들이 큰 의미를 부여하고 그것을 위해 자신의 삶을 바치는 수많은 일들의 근원에는 여성의 출산과 양육이 근본 원인으로 존재하고 있다. 여성의 출산이 없어진다면 남성들의 일뿐만 아니라 남성들 그 자체도 존재 이유가 사라지게 된다.

　따라서 의식의 대전환이 필요하다. 여성이 아이를 임신하고 출산하는 그 일이 인간 사회에 존재하는 대부분의 일의 근본 원인임을 인식하고, 모든 사회 활동의 중심에 여성의 임신과 출산을 놓아야 한다. 여성의 임신과 출산이 그 어떤 일보다도 더 중요한 일이고 존중받아야 할 일이며 보조받아야 할 일이고 우선시되어야 할 일이다. 이는 한 국가의 미래나 경제적 번영을 위한 것이 아니다. 국가의 경계를 넘어서서 바로 인간 존재의 이유를 잃지 않기 위해서이다.

현대 사회의 많은 여성들은 아이 없는 삶을 선택하거나 아이를 가지더라도 극히 적은 수의 아이를 가지는 것을 선택한다. 그 이유에는 여러 가지를 제시할 수 있으나 근본 이유는 다수의 아이를 가지는 것이 아이를 아예 가지지 않거나 극히 적게 가지는 것보다 이익이 되지 않는다고 판단하기 때문이다. 따라서 다수의 아이를 가지는 것이 아이를 가지지 않거나 적게 가지는 것보다 이익이 되는 사회로 만들어야 한다. 내가 제시하는 정책도 결국 다수의 아이를 가지는 것이 아이를 가지지 않거나 적게 가지는 것보다 이익이 되도록 하는 정책이다. 그러나 그보다 선행되어야 하는 것은 바로 여성의 임신과 출산이 존경받을 수 있는 사회적 의식의 정착이다.

## 임신과 출산과 양육에는 존경이 주어져야 한다

임신과 출산과 양육이 인간이 하는 모든 일들 중에서 가장 가치 있고 존경받을 일이며, 따라서 그에 합당한 감사와 존경이 주어져야 한다는 인식이 사회 구성원 모두에게 형성되어야 한다. 살아가면서 예기치 못한 재해나 사고로부터 위험에 처한 사람의 생명을 구한 의인들의 뉴스를 우리는 가끔 접하게 된다. 우리는 그들을 영웅이라 부르며 존경과 감사를 표한다. 우리가 그들을 영웅이라 부르는 이유는 그들이 없었다면 죽어서 사라졌을지도 모르는 사람을 살려서 계속 살아갈 수 있게 했기 때문이다. 그렇다면 임신과 출산으로 이 세상에 새로운 생명을 생산하는 산모 또한 영웅이 아닌가? 아이를 낳아 기르는 일은 엄청난 희생과 노고를 필요로 하는 일이다. 얼마든지 하지 않아도 되는 임신과 출산을 기꺼이 선택해서 하는 것만으로도 우리 사회의 존경과 감사를 받을 자격이 있지 않은가? 하지만 현실은 존경과 감사가 아니라 오히려 권리의 포기와 성차별과 경력의 단절을 강요하고 있다.

**맺는말**

# 자살은 비극이다

우리나라는 OECD 국가들 중에 자살률 1위 국가이다. 통계청 자료에 따르면 우리나라는 2003년에 OECD 회원국 중 자살률 1위를 기록한 후 2016년까지 14년 동안 계속해서 1위를 유지했다. 2017년에는 우리나라보다 자살률이 높았던 리투아니아가 OECD 회원국으로 새로 가입함에 따라 우리나라는 자살률이 2위가 되었지만, 2018년부터 다시 1위가 되어 2023년 현재까지 유지되고 있다.

2022년 인구 10만 명당 우리나라의 자살률은 25.2명으로 OECD 평균치 11.5명의 2배 이상을 기록하고 있다. 특히, 60세 이상의 노년층의 자살률이 10만 명당 45명에 육박하고, 70대부터 48.9명, 80세 이상부터 69.8명으로 급격히 상승한다. 이는 OECD 평균치보다 3배나 높다. 2022년 한 해만 자살로 죽은 사람이 12,906명이다. 즉, 우리나라에서는 최근에도 하루 평균 35명이 자살한다.

⟨전국 자살사망 분석 결과보고서⟩

(단위 : 명, %)

| | | 2016 | 2017 | 2018 | 2019 | 2020 |
|---|---|---|---|---|---|---|
| 직업문제 | 자살사망자 수 | 505 | 488 | 534 | 560 | 590 |
| | 백분율 | 4.1 | 4.2 | 4.0 | 4.3 | 4.7 |
| 경제문제 | 자살사망자 수 | 2,422 | 2,356 | 2,984 | 3,005 | 2,891 |
| | 백분율 | 19.4 | 20.1 | 22.5 | 22.8 | 23.2 |
| 가족관계문제 | 자살사망자 수 | 1,308 | 1,213 | 1,434 | 1,311 | 1,263 |
| | 백분율 | 10.5 | 10.4 | 10.8 | 10.0 | 10.1 |
| 대인관계문제 | 자살사망자 수 | 618 | 554 | 690 | 650 | 635 |
| | 백분율 | 5.0 | 4.7 | 5.2 | 4.9 | 5.1 |
| 신체건강문제 | 자살사망자 수 | 2,208 | 2,050 | 2,215 | 2,252 | 2,159 |
| | 백분율 | 17.7 | 17.5 | 16.7 | 17.1 | 17.3 |
| 정신건강문제 | 자살사망자 수 | 4,558 | 4,250 | 4,232 | 4,229 | 3,889 |
| | 백분율 | 36.6 | 36.3 | 32.0 | 32.1 | 31.2 |
| 기타 | 자살사망자 수 | 291 | 275 | 546 | 548 | 487 |
| | 백분율 | 2.3 | 2.3 | 4.1 | 4.2 | 3.9 |
| 미상 | 자살사망자 수 | 553 | 519 | 607 | 610 | 554 |
| | 백분율 | 4.4 | 4.4 | 4.6 | 4.6 | 4.4 |
| 전체 | 자살사망자 수 | 12,463 | 11,705 | 13,242 | 13,165 | 12,468 |
| | 백분율 | 100.0 | 100.0 | 100.0 | 100.0 | 100.0 |

한국생명존중희망재단, 2023. 10. 5.

 2026년부터 2020년까지 5개년간 우리나라 자살사망자를 분석한 ⟨전국 자살사망 분석 결과보고서⟩에 따르면 자살의 주원인은 정신건강문제 31.2%, 경제문제 23.2%, 신체건강문제 17.3%로 나타났다. 자살 발생률이 높은 정신질환은 주로 조울증, 인격장애, 조현병, 알코올 중독증 등이며, 신체질환은 암, 심장질환, 만성신부전증, 대뇌혈관질환 등의 순이었다.

우리나라의 자살률이 높다는 것은 우리나라 국민이 행복하지 못하다는 명백한 증거이다. 특히 노인자살률이 OECD 회원국 평균치보다 3배나 더 높다는 사실은 나이가 많을수록 더 불행해진다는 것을 의미한다. 국민 전체가 행복하지 못하며, 나이가 들어갈수록 더욱 불행해지는 사회에서 출산율이 낮은 것은 당연한 현상이라고 할 수 있다.

자살이란 스스로 자신의 삶을 끝내는 행동이다. 이유가 무엇이든 자살하는 사람들은 자신의 삶이 불행으로 가득하며 행복은 찾을 수 없다고 생각한다. 더 이상 살아야 할 가치나 이유가 없다는 생각을 할 때 사람들은 자살을 선택한다. 자살하지 않으면 더 살 수 있는, 그 남아있는 삶을 무로 만드는 선택은 어떤 경우든 비극이다. 자살하는 사람들은 차라리 태어나지 않았더라면 더 좋았을지도 모른다.

우리나라의 출산율이 가장 낮고, 자살률이 가장 높다는 것은 무엇을 의미하는가? 젊은이들은 아이를 낳지 않으려고 한다. 나이가 들어갈수록 자살로 생을 마감하는 사람들이 많아진다. 아직 태어나지 않은 아이에게 삶을 살아볼 기회를 주고자 하는 사람의 비율이 가장 낮고, 이미 태어나서 살아본 사람들이 이런 삶은 더 이상 살 가치도 이유도 없다고 생각하는 비율이 가장 높은 나라이다. 이미 태어나서 수십 년을 살아본 사람들이 높은 비율로 자살하는 사회에서 아이를 낳는 선택을 하는 것은 현명한 일이 아니다. 도대체 대한민국은 왜 이런 나라가 되었는가? 세계가 놀라는 경제 발전을 이루고, 세계가 사랑하는 문화 강국을 이룬 나라가 왜 사람들이 가장 불행하게 사는 나라가 되었는가?

## 돈으로 해결할 수 있는 문제인가?

한국 정부에서 시행하고 있는 출산장려정책들을 한마디로 요약하면 한국인들이 현재의 한국 사회 구조 안에서 자신의 아이를 낳아 키우는 데 보다 편리하고 힘이 덜 들도록 도와주는 정책들이다. 아이를 낳아도 맡길 곳이 없으니 아이를 쉽게 맡길 곳을 마련하거나, 아이를 낳아도 돌볼 시간이 없으니 육아휴직이나 아이 돌봄 시간을 확보해 주거나, 아이를 낳아도 돈이 없어 마음껏 교육시킬 수가 없으니 경제적 지원을 하는 식이었다. 그럼에도 기대했던 효과는 나타나지 않고 출산율은 더욱 낮아지고 있다.

최근에 발표되는 정책들을 보면 한국 정부는 여전히 우리나라의 저출산 문제를 돈이면 해결할 수 있을 것이라고 여기는 듯하다. 정부가 그동안 아이를 가진 가정에 경제적 지원을 해왔다고는 하지만 그 액수가 충분하지 않았기 때문에 출산율이 계속 낮아지고 있다고 여기는 것이다. 따라서 보다 파격적인 지원을 하면 출산율은 반등할 것이라고 예측하고 있다. 신혼부부들에게 부담 없는 비용으로 주택을 임대해 주고, 저렴한 이자로 몇억씩 대출을 해줘서 아이를 낳으면 이자와 원금을 삭감해 주고, 임신과 출산에 따르는 육아휴직을 여성과 남성 모두를 대상으로 의무적으로 시행하게 하고, 대학까지 모든 공교육 학비를 무료로 해주는 것을 우리나라 정부는 희망하고 있다.

과연 신혼부부들이 저비용으로 쉽게 집을 구할 수 있고, 아이들을 키우는 데 들어가는 양육비와 교육비를 매달 수백만 원씩 지원받고, 아이 때문에 경력이 단절되는 위험이 없어진다면 출산율의 극적인 반등이 가능할까? 그렇게 되면 신혼부부들은 자기 자녀들에게 더 좋은 음식을 먹일 수 있고, 더 좋은 옷을 입힐 수 있고, 더 좋은 어린이집과 유치원에 보낼 수 있고, 더 많은 사교육을 시킬 수 있을 것이다. 이러한 정책들은 확실히 아이를 낳아 기르는 부모의 부담과 수고를 덜어주게 될 것이다. 그러나 아이들은 더 행복해질까? 더 많은 비교와 경쟁에 내몰리고 더 많은 사교육을 받으면서 과연 아이들은 더 행복해질 수 있을까? 부모를 행복하게 만드는 그 정책들이 정작 아이들을 더 불행하게 만들지 않을까? 아이들이 더 행복해지지 못하는데 부모들이 과연 더 행복해질 수 있을까? 자신의 아이들이 행복하지 못한데 과연 부모들은 경제적으로 여유가 된다고 해서 더 많은 아이를 낳아 키우고 싶을까?

물론 아이를 키우는 가정에 대한 경제적 지원은 계속되어야 한다. 하지만 그 지원들이 아이들의 행복으로 이어지지 못한다면 결코 원하는 결과를 얻지는 못할 것이라고 나는 생각한다. 지금까지 한국 정부의 출산장려정책들이 실패한 이유는 그 정책들이 아이들을 행복하게 만드는 데 도움이 되지 않았기 때문이다.

## 부모의 행복은 어디에 있는가?

　부모의 행복은 어디에 있는가? 이웃집 아이가 영어유치원에 다니는 것을 보고 자신의 아이는 더 비싼 영어유치원에 보낼 수 있게 되면 부모는 행복해지는가? 이웃집 아이가 입는 옷보다 더 비싼 옷을 자신의 아이에게 입힐 수 있으면 부모는 행복해지는가? 이웃집 아이보다 더 많은 학원에 보낼 수 있으면 부모는 행복해지는가? 이웃집 아이보다 학교 성적이 더 높게 나오면 부모는 행복해지는가? 만약 우리나라 사람들이 부모의 행복이 이런 것에 있다고 생각한다면 그 어떤 정책도 모두 실패할 수밖에 없다. 대한민국 모든 아이들이 다 이웃집 아이보다 비싼 영어유치원에 다니게 하거나, 이웃집 아이보다 더 비싼 옷을 입게 하거나, 이웃집 아이보다 더 많은 사교육을 받고 더 높은 성적을 받게 하는 것은 불가능하다. 만약 부모의 행복이 이런 곳에 있게 된다면 그 부모의 행복은 끝없는 비교의 레이스에 던져진 아이들의 불행과 절대다수의 불행한 부모들 위에 만들어질 수밖에 없기 때문이다. 그리고 그런 행복을 진정으로 느낄 수 있는 부모들은 소위 상위 1~2%에 속하는 극소수의 부모들밖에 없을 것이다.

　부모의 행복은 과연 어디에 있는가? 자신의 아이가 다른 아이들보다 공부를 더 잘하는 데 있다고 여기는 순간 지옥의 레이스는 시작된다. 자신의 아이가 다른 아이들보다 더 똑똑하거나 더 영리하거나 더 신체적으로 강한 데서 부모들이 행복을 찾으려고 한다면 아이들은 부모들이 만든 레이스의 경주마로 전락하게 된다. 아주 어렸을 때부터 부모에 의해서 지옥의 레이스에 던져진 아이는 평생 그 레이스에서 벗어나지 못한다. 부모의 이런 생각들은 아이들을 한없이 불행하게 만든다. 요즘 사회적으로 심각한 문제가 되고 있는 학교폭력 또한 알고 보면 아이들이 부모들이 만든 지옥의 레이스에서 힘겹게 발버둥 치다 결국 삐뚤어지고 뒤틀려 버린 결과가 아닌가?

아이는 부모의 행복을 위해 존재하는 애완동물 같은 것이 아니다. 아이는 아이 자신의 행복을 위해 존재해야 한다. 아이가 행복하지 못한데 부모가 어떻게 행복할 수 있겠는가? 영어유치원이나 비싼 옷이나 사교육이나 성적 따위가 어린이의 삶을 지배하는 환경에서는 결코 아이도 부모도 행복할 수 없다. 우리나라의 정책들이 아이들을 더 심한 비교와 경쟁으로 몰아넣을 수 있도록 부모들에게 돈을 지원하는 정책들이라면 실패는 이미 예정되어 있으며, 우리나라의 출산율은 더욱 낮아지게 될 것이다.

## 행복할 수 없다면 태어나지 않는 것이 낫다

아이가 행복하고 부모가 행복하고 부모의 부모인 노인들이 행복한 사회가 되면 저출산 문제는 저절로 사라질 것이다. 그러므로 우리나라 정부의 저출산 정책은 아이와 부모와 노인들을 행복하게 만드는 데 목적을 두어야 한다. 만약 정부 정책의 목적이 사람을 행복하게 하는 데 있지 않고 아이의 수를 늘리는 데 있다면, 그 정책은 필연코 가임기의 젊은 여성들을 도구화하는 결과로 이어진다. 젊은 여성들이 아이를 낳고 싶어지도록 그들을 유혹하는 데 집중하게 된다. 즉, 경력 단절을 막고, 육아휴직을 부담 없이 사용하게 하고, 양육비와 교육비를 지원하여 아이를 낳아 기르기를 보다 쉽게 함으로써 젊은 여성들을 마음을 바꾸도록 유혹하는 것이다. 젊은 여성들은 정부가 제공하는 여러 가지 인센티브를 따져서 아이를 낳아도 별로 힘들지 않겠다는 생각이 들면 더 많은 아이를 낳게 될 것이다. 그러나 그 정책들이 효과가 있을지는 의문이지만, 다행히 효과가 좋아서 출산율이 반등하더라도 그 정책들은 결국 여성을 인구를 늘리기 위한 도구로 만든 것에 지나지 않는다. 가축에게 좋은 환경을 제공하면 번식을 더 많이 하는 것과 마찬가지로.

그렇게 해서 늘어난 아이들이 여전히 행복하지 못한 어린 시절을 보내게 된다면 도대체 대한민국에서 아이들의 수가 증가되어야 할 이유가 무엇인가? 아이가 행복하지 못한 나라에 아이를 낳을 필요는 없다. 사람이 행복하지 못한 나라에 사람이 더 많이 살아야 할 이유는 없다. 행복할 수 없다면 태어나지 않는 것이 낫다. 태어나서 결국 자살할 거라면 왜 태어나야 하는가? 사람이 행복하지 못한 나라는 소멸되는 것이 맞다.

## 그러나

아이를 낳을 수 있는 젊은 세대에게 나는 말하고자 한다. 아이를 가질 것인지, 가지지 말 것인지를 결정하는 기준은 절대적으로 아이에게 있어야 한다는 것을. 자신들이 낳은 아이가 우리나라에서 행복한 어린 시절을 경험할 수 있을 것이라고 판단한다면 아이를 가지는 선택을 해야 한다. 행복한 아이를 낳아서 함께 사는 것보다 더 큰 인생의 행복은 없다. 하지만 자신들이 낳은 아이가 우리나라에서 행복한 어린 시절을 보내기가 결코 쉽지 않을 것이라고 판단한다면, 신중하게 생각해야 한다. 그러므로 만약 어떤 젊은이가 자신은 아이를 낳아도 그 아이가 우리나라에서 행복한 어린 시절을 가지기가 쉽지 않을 것이라고 생각해서 아이를 가지지 않기로 결정한다면, 그 결정은 충분히 이해할 만하다.

하지만 그 경우에 나는 그 젊은이를 비난할 수밖에 없다. 그 젊은이가 그렇게 생각하는 이유는 다음의 두 가지이기 때문이다.

첫째, 그 젊은이는 부모의 행복이 앞에서 말한 지옥의 레이스에서 자신의 아이가 앞서가는 데 있다고 생각하는 사람이기 때문이다.

둘째, 현재 우리 사회의 현실을 그대로 수용하고 아이가 행복한 사회로 변화시켜야겠다는 의지가 없는 사람이기 때문이다.

그러므로 나는 우리나라의 모든 젊은이들에게 당부한다.

아이가 행복하게 살기 힘든 환경이라서 아이를 낳지 않는 선택을 할 것이 아니라, 오히려 많은 아이를 낳고 그 아이들이 행복하게 살 수 있는 환경으로 우리나라를 바꾸기 위해 노력하라고. 그리고 일단 아이를 가진다면 그 아이를 위해서라도 그렇게 해야 한다. 현실이란 절대 고정된 것이 아니라 우리가 만들어가는 것이다.

## 사고의 혁명적 전환이 필요하다

우리나라의 저출산 문제를 해결하려면 우리 사회는 결국 사고의 혁명적 전환이 필요하다. 아이가 행복하고 노인이 행복한 사회가 되지 않는 한 저출산은 해결되지 않는다. 이를 위해 초등학교 이하 교육과정의 혁명적 변화는 불가피하다. 미래를 위한 준비교육, 친구들과의 비교, 서로를 제치고 앞서가려는 경쟁 없이 마음껏 놀 수 있는 어린 시절을 만들어주어야 한다. 세상이 즐거움으로 가득한 어린 시절이 되도록 해야 한다. 학교에 가고 싶어 방학을 없애달라는 초등학생들의 민원이 쇄도하는 사회가 되어야 한다. 놀이를 통해 티 없이 자라는 과정에서 아이들의 신체는 강해지며 정서는 풍부해지고, 서로를 배려하는 마음, 협력하는 마음, 존중하는 마음, 모험정신, 도전정신, 탐구력, 끈기, 인내, 예의 등이 길러져야 한다. 그래야 행복한 어린 시절을 보내고 성인이 된 젊은이들이 자신들도 아이를 낳아 자신들이 누렸던 그 행복을 누리기를 희망할 수 있기 때문이다.

동시에 노인이 행복한 나라가 되어야 한다.